あっぱれ!
ころばぬ先の
知恵88

老いの福袋

樋口恵子
Keiko
Higuchi

中央公論新社

まえがき

いま日本は、ぶっちぎりの世界1位です。

高齢化オリンピックがあったとしたら、堂々金メダル！　これは、全人口に対する65歳以上の割合「高齢化率」のこと。日本は28・7％（2020年9月・総務省統計局の調査）。2位イタリアの23・3％とは大きく水をあけています。高齢化は先進国すべてで起きている現象です。それだけに日本がどう豊かな高齢社会を築いていくか、世界中が注目しています。

かくいう私は現在88歳。ここまで生きて、ようやく平均寿命に達したのですから、少々驚きます（2019年の平均寿命＝女性87・45歳、男性81・41歳）。というのも、私を含め、いま80代の人が生まれた1930年代と現在を比べると、平均寿命はなんと7割以上も延びているのです（1935年の平均寿命＝女性49・63歳、男性46・92歳）。20歳からを大人の人生と仮定すれば、人生はゆうに「倍増」したことになります。

そこで課題になるのが、人生後半、とりわけ高齢期をどう過ごすか、です。歳をとれば体のあちこちに不具合が起きますし、自立した生活が困難になる人もいます。老後の資金や、どこで暮らすかなど、先々の生活に不安を抱いている方も多いでしょう。

２０２５年には国民の５人に１人が75歳以上となり、国民の３割が65歳以上、どこを見てもおじいさんおばあさんだらけになります。本当に待ったなしの事実に驚きますが、高齢者世代がマジョリティになる世の中を怖れてばかりはいられません。

私たち80代は、言ってみれば全人類の先陣を切って、しかもけっこうな大人数で、「超・長寿社会」という未知の大海へとすでに一歩を踏み出しています。天敵がいるかもしれない海に獲物を求めて真っ先に飛び込むペンギンのことを、その勇気に敬意を表してファーストペンギンと呼ぶそうですが——気がついたら私たち世代は、「老いの冒険」に飛び込むファーストペンギンのような立場になったわけです。

私は、同志たちとともに１９８３年に、「高齢社会をよくする女性の会」を結成。当時50代だった私は高齢者や介護の現場の方の声に耳を傾け、介護保険を実現するなど活動してきました。そうこうしているうちに私自身、前期高齢者を経て、正真正銘の後期高齢者に。「老い」の当事者になってみれば新たな発見もあり、「これは困った！」「これはありがたい！」「こういうことだったのか！」と、日々驚いています。

誰もが別に好き好んで老いてきたのではありませんし、毎日のように初めての経験が待っているので不安だらけ。だからこそ、「老いという未知の世界」へ冒険に乗り出すのだと考えて前向きに取り組みたい。私も少しずつ体力がなくなってきて、「ヨタヨタヘロヘロ」を自認する虚弱期に入りましたが、この先も好奇心と勇気とユーモアをもって楽しく歩んでいきたいと思っています。

そして初代だからこそ経験する怖れ、寂しさ、孤独に対してもしっかり向き合い、ときには逃げるばかりではなく涙を流したっていいではないか――。ただ、初の経験者として一定の申し送りをすることは、後の世代が老いに崩されないための一種のワクチンになるのではないか――。ファーストペンギンとして、いまこそ伝えておくべきことがあると思うのです。

若い方のなかには「日本の制度は高齢者に厚く、若者にやさしくない」と考える人もいるようです。でも、人は必ず老います。老いも若きも知恵を出し合って、この冒険を成功させるしかないのです。

この本には、老いの時期を楽しく快適にするアイデアもあれば、ちょっぴり怖い現実も出てきます。最初に予告しておくと、第4章と第5章では厳しい現実についてお伝えしますが、大丈夫。超高齢社会の課題を乗り越える知恵も紹介しています。

どの章からお読みいただいてもかまいません。高齢者だけではなく、老いた親を持つ子ども世代にとって役に立つ話題も取り上げています。いわば「老い」に対する免疫をつけるサプリメントのような本ですから、ここで「老いの不安」をちょっと先取りしておけば、「ころばぬ先の杖（知恵）」となり、不安解消の一助になるでしょう。

天寿をまっとうするまでの時間が2倍になったからには、そのぶん、幸福な時間も2倍に増えてほしいものです。私の見聞きしてきたこと、そして老いの日々の体験が、多少なりともそのお役に立てたら、これほどうれしいことはありません。

樋口恵子

目次

装画　霜田あゆ美
装幀　アルビレオ
構成　篠藤ゆり

老いの福袋

あっぱれ！　ころばぬ先の知恵88

第1章

ローバは一日にしてならず

いま、私は88歳。ついに女性の平均寿命87・45歳を超えました。
人生100年時代に向けて、介護保険制度の実現など、
よりよき高齢社会を築くために取り組んできた私ですが、
自分の身に起きるのはすべて「初めてのこと」ばかり。
昨日までできたことが、今日できなくなるなど、
「老い」は思いがけないことの連続です。
私たちは、そんな体験を一つずつ積み重ねながら、
少しずつ、年寄り、老人、高齢者と呼ばれる人になっていく。
立派なローバ（老婆）の歳になり、老いるとはこういうものかと、
改めて感じる日々です。
そこでまずは、私自身の実体験を通して感じたことや
気づいたことなどからお話を始めたいと思います。

1 トイレで死闘――「老いるショック」の教訓

あれは70代半ば頃だったでしょうか。いつものようにあわただしく講演に出かけた際、京都駅0番《ゼロ》ホーム近くのトイレに入りました。勝手知ったる京都駅。そこにトイレがあるのは熟知しています（当時のことです）。

入ったトイレは和式でしたが、当時の私は、トイレが何式だろうが気にしていませんでした。用を足して、水を流して一件落着。スッキリした気分で立ち上がろうとしたら――なんと、た、立てない！　立ち上がれないのです！

一瞬、そんなバカなと思いましたよ。でも次の瞬間、冷や汗がたら～り。スッキリ気分はどこかに行ってしまいました。壁には手すりもないし、じめじめした床に素手をつく勇気はありません。膝の角度を変えたらなんとかなるかと思っても、狭くて身動きできず、気持ちは焦るばかり。パニックになりかけて、呼吸も浅くなります。で、どうしたかというと――。じめっとした床にトイレットペーパーを敷いて、床に両手をついて、なんとかガバッと立ち上がりました。時間にして、ゆうに10分はかかったでしょうか。思い出すのも悲しい「死闘」でした。トイレットペーパーのムダづかいをして、なんとも申し訳ありません！

老いとは、こんなふうに人に不意うちを食らわせるものなのかと、おおいにショックを受けました。昨日できたことが、ある日突然できなくなる。それが、「老いる」ということなのですね。まさに「老いるショック」。

そうやって少しずつ、できないことが増えていく。老いの現実を実感したという意味では、思い出したくはありませんが、私にとってその日は「トイレ記念日」でした。

「この足がダメね」とわたしが知ったから七月六日はトイレ記念日

――なんて、有名な短歌のパロディの一つも口をついて出てきそうです。

あぁ、それなのに5年ほど前、またしても同じ轍《てつ》を踏むことになるとは！

お悔み事があって娘と一緒に地方へ出かけ、帰りにトイレを拝借しようかと思ったのですが、見るからに典型的な日本建築。もしかして和式かもしれないと思い、我慢して近くのスーパーマーケットに行くことにしたのです。思えばこれが痛恨の判断ミスでした。二つあったトイレは、なんとどちらも和式。でも自然の呼び声が差し迫っていたので、とるものもとりあえず用を足しました。そのあと、やっぱり立てない！

足は痛くなるし、個室の壁面はツルツル真っ平らで、摑《つか》む場所はどこにもありません。そのとき、コツコツと生意気そうなハイヒールの音が近づいてきました。長いので心配して見に来た娘なのか。

「ヒグチさ〜ん！　ヒグチさんだったら、このドアを開けてください。立てなくなりましたァ！」と大声をあげました。ややあって鍵を開けてあったドアが開き、仁王立ちしている娘の姿が。しょっちゅうバトルを繰り広げている親子ですが、このときばかりは娘の〝仏頂面〟が〝仏様〟のご尊顔に見えました。

私は日頃から、「高齢者よ、町へ出よう」と提唱しています。なるべく人と交流し、張り合いをもって暮らすことが、認知症や歩行困難などの予防になると思うからです。社会に高齢者が生きる姿を可視化することが大切です。それが結果的に高齢者たちの医療費を減らし、高齢社会のために使われる財源を守ることにもなります。

でも外に出るには、安心・安全なトイレがあちこちにあることが不可欠。車椅子が入れるバリアフリーのトイレを完備している場所もありますが、それだけでは足りません。まずは公衆トイレの洋式化を進めていただき、せめてとりあえずの措置として、「すべての公共の場のトイレに手すりを」を合言葉にしていただきたいのです。

国連が2015年のサミットで採択した「持続可能な開発アジェンダ」。合言葉は「誰も置き去りにしない社会を」で、持続可能な開発目標ＳＤＧｓ《エスディージーズ》として、17の目標をあげています。「ジェンダー平等」はもちろん入っていますし、そして6番目の目標は「水と衛生へのアクセス」。世界には、トイレや公衆便所など基本的な衛生サービスを利用できない人が約42億人いるとか。その問題が先決には違いありませんが、私たち先進国においても、体力の衰えた高齢者が立ち上がれなくてトイレの個室に「置き去り」にされないよう配慮していただきたいと思います。

2 「ヨタヘロ期」がやってきた！

70代の頃の私は、「樋口さん、いつもお元気ですね」と言われていました。70歳で大学教授を定年退職したものの、NPO法人「高齢社会をよくする女性の会」の理事長として、文字通り東奔西走の日々。自分で言うのもなんですが、ヒグチさん、本当にお元気でした。なにしろ70歳のとき、蛮勇をふるってあの石原慎太郎《いしはらしんたろう》氏に対抗して東京都知事選挙に立候補したのですから——。

それはともかく、その後77歳のときに胸腹部大動脈瘤《きょうふくぶだいどうみゃくりゅう》を患ったのが、いま思えば一つの境目だった気がします。おへその周辺の大動脈にいくつか瘤《こぶ》ができ、それが炎症を起こしたのです。

幸い手術は無事に成功し、体重は7キロ減。

「労せずしてダイエット」

「コブをとって大太りから小太りに。これで正真正銘コブトリばあさん」などと笑い飛ばしていました。ところがその3年後くらいから、体のあちこちに違和感が生じるように。朝の寝覚めも悪いし、起き上がろうとすると、あちらが痛い、こちらもきしむ。おまけに視力聴力も低下するし、立ち居振る舞いのスピードもどんどん落ちていく。もう何をするにも、ヨタヨタ、ヘロヘロ。

いささか自嘲的に、名づけて「ヨタヘロ期」。

最近は高齢者に関する言葉で、「フレイル」とか「サルコペニア」といった難しいカタカナ用語が増えていて、ちょっとわかりにくいと感じますね。

ちなみにフレイルとは「加齢とともに心身の活力（運動機能や認知機能など）が低下し、健康や生活に障害を起こしやすくなった状態」で、老人特有の虚弱をさします。つまり老化に伴う衰えの予備段階ですね。そしてサルコペニアとは「高齢になるに伴い筋肉量が減少していく現象」をさすそうです。

でも私は、わかりやすく両方合わせて「ヨタヘロ期」と呼んでいます。

私のお仲間の春日《かすが》キスヨさんがその著書『百まで生きる覚悟』で指摘しているのは、「みんなピンピンコロリを理想としすぎている。実際はヨロヨロ・ドタリ、寝たきり往生する人のほうが多い」ということ。ある日、バタリと死ぬわけではなく、ヨタヘロ期を通過して、何年も寝込むのが現実的——ということです。

私の場合、ヨタヘロ期の始まりは80歳頃でした。それからは、シルバーを通り越してゴールド老年世代、自分だけの力ではなかなか生活が成り立たなくなります。とはいえこれも、人によって状況はさまざま。病気などをきっかけに、70代からヨタヘロ期が始まる人もいます。

いかにヨタヘロ期を安全に、できるだけ楽しく暮らすか。この10年ほど人さまに教えられて、つけ焼き刃ですが、かかとを上げるエクササイズを必死に始めました。ヒグチさん、身をもって試行錯誤している最中です。

3

朝起きるだけでも一仕事

ヨタヘロ期になって実感したことの一つ。

「朝起きるのが、こんなに大変だとは！」

以前から私は、どちらかというと朝寝坊。それでも目が覚めてしばらく天井を見ていると、お腹《なか》のあたりからじわじわと「お腹減った〜」という信号が脳に伝わります。そして「あ〜ら、そうだわ。お腹すいてる。今朝はパンにしようかしら、ごはんにしようか」などと考えているうちに、食欲が湧いてくるのです。

すると、「よ〜し、今日も起きて、朝ごはんを食べて、働こう！」という気持ちになり、「エイッ、やぁ！」と飛び起きる。

つまり以前の私は内なる欲求に刺激され、無理なくスムーズに起きることができたのです。

ところが最近は、目が覚めてもちっとも空腹を感じないのです。「お腹、すいてる?」と我が胃袋様に聞いても、「別に」「う〜ん、どうかなぁ」と、なんとも曖昧なお返事。さらに「朝ごはん食べる?」と尋ねると、「どっちでも」とつれない素振り。これでは、「さぁ、起きるぞ!」というモチベーションにつながりません。

ぐずぐずしていると、仕事に出かける娘が私の部屋に寄り、「いつまで寝てるつもりなのッ!」。思えば子どもが小さい頃、さんざん大声でそう叫んでいたものです。それがいまでは子どもから同じことを言われるとは! まあ、娘にしてみれば安否確認のつもりなのでしょうから、悔しいですがアリガタイと思うようにしています。

とはいえいつまでもベッドでぬくぬくしているわけにもいかないので、脳に「ヒグチさん、起きなさい!」とハッパをかけます。それでも昔のようにはパッと起きられません。

なんとかベッドの上で上半身を起こし、ベッドに手をついて、まず「エイ！」と体の向きを変えます。そこからゆっくり床に足をつけて、ようよう立ち上がる。

しかも起きてみると、肩も痛けりゃ、首も痛い。50代の頃にころんで痛めた膝の後遺症で、膝に痛みが走ることもあります。痛みの場所も強さも日替わりで、満身創痍《まんしんそうい》ならぬ満身疼痛《とうつう》。そして着替えるのも、ヨタヨタ、のろのろ。こうやって朝起きる手順を思い出すだけでも、まどろっこしいこと、この上ありません。

70代後半までは、目覚めて起き上がって着替えるという一連の動作は、無意識のうちにささっとやっていました。それなのにいまでは、このありさま。

朝から大仕事を終えたような気分になります。

4 ひといき300メートル、座れる場所を求む

ある程度の年齢以上の方は、キャラメルのグリコの「ひとつぶ300メートル」というキャッチフレーズをご存じなのでは？　あれはキャラメル1粒に300メートル走れるだけのカロリーが含まれている、ということらしいですね。

一方私はと言えば、ひといき300メートル。休まずに歩ける距離は、それが限度です。というのも、胸腹部大動脈瘤の手術で一部人工血管に入れ替えたため、肺の機能が常人の60％に低下してしまったからです。

ヨタヨタ、ヘロヘロ歩いて300メートルを超えると、息が切れ、座ってひといきつきたくなる。ところがそううまい具合に、ベンチや椅子があるとは限りません。

そうです、世の中の町づくりや公共施設は、高齢者や障がいがある人、体が弱い人に対してまだ十分には優しくできていないのです。商業施設の中や周辺、歩道が整備されているところ、駅構内など、もっともっとベンチや椅子が必要です。タクシー乗り場もバス停も、椅子がないところが多いですね。あれも、たいへん困ります。

息が苦しくなったり疲れたりしたら座れる場所がないと、高齢者は不安で外出できません。外出しないと足腰はさらに弱っていきます。こうして、介護保険のサービスを受けなくてはいけない人がどんどん増えていく。

高齢者が安心して外出でき、買い物を楽しめる町づくりをしていただきたいですが、それはもちろん国や自治体の財政にかかわります。しかし、老いた人、障がいがある人の外出が増えれば、経済も活発になるでしょう。たかがベンチとあなどることなかれ。政策を考える人たちには現実的な解決策を一緒に考えていただきたいと思います。

5 「古傷が痛む」は本当だった

あれはちょうど50を迎えた頃だったと思います。2階に玄関がある友人の家を訪ね、帰ろうと思ったら、階段の電灯が切れて真っ暗でした。それなのにおっちょこちょいの私は、注意を怠り大勢の友人たちとおしゃべりに夢中。一段踏み外してしまいました。右膝を強打し、まさに目から火が出る思い。しばらく動けませんでした。

翌日、病院で検査したところ、ちょっと骨に異常があるものの手術するほどではないとのこと。忙しさにかまけて、そのまま放置していました。

60代では、夫の入院中、慣れぬ雪かきをして左膝を捻挫。しばらく片足を引きずっていましたが、鍼治療でなんとか治りました。それが70歳を超えて再発しました。

私はこの両膝の後遺症に、ずっと悩んでいます。幸い、いい整形外科の先生を見つけ、医療保険のきく膝関節装具をつくりました。ひじょうによくできているので、外出するときは必ず着けています。装具にサポートしてもらうと膝に余計な負担がかかりません。

おかげでいまも元気で出歩いていますし、膝を気にして行けなかったところがあるかと言われると、別にありません。でも若干の痛みがありますし、歩くときにも多少の不具合があるのです。

「古傷が痛む」の言葉通り、40代、50代の怪我《けが》が、高齢になって思わぬ後遺症となって出ることもあります。ですから若いからと言って、くれぐれも無茶をなさらぬように。50を過ぎたら、「ころばぬ先の注意」を心掛けてください。

6
ひところび100万円、転倒・骨折しないように

女性が要介護になる理由は、1位が認知症、2位が高齢による衰弱、3位と4位が転倒・骨折や関節疾患などによる運動機能の低下です。ですから高齢期の女性にとって、「ころばない」ことは最重要課題の一つです。

私も「決してころびません」と心に誓い、相当気をつけていたつもりでした。それなのに80代になると、筋力が衰え、なんでもないことで転倒するようになるんですね。

この1年でも三度ほどころびました。買い物をしてタクシーで帰宅し、玄関で両手に荷物を持ったまま靴を脱いだところ、片方がまだ脱げきれておらず上がり框《かまち》に引っ掛かって転倒。とっさに体をひねったのですが、後頭部を強打しました。

つぎに講演会の会場で手をついた机が可動式だったため動き出し、あわててつかまった椅子も可動式だったため、両方に引っ張られて転倒。このときも後頭部を打ちました。

三度目は自宅の階段の上りで残り四段目からあお向けに転倒。理由は不注意というしかありません。

幸い三度とも骨折はしませんでしたが、頭を打つと硬膜下出血で血腫ができる場合もあるとか。半年くらいは注意が必要だと言われました。

骨折すると医療費もかかりますし、場合によっては家に手すりをつけるなどの工事も必要になるでしょう。健康保険や介護保険でまかなえる部分もありますが、なにかと物入りで、「ひところび１００万円」などという脅し文句があるくらいです。

神様がいるのかどうか知りませんが、どうやら神様は女性を、男性と比べて骨折しやすいようにおつくりになったようです。その代わり男性より長い寿命をお恵みくださったのですから、ちゃんと寿命を楽しくまっとうできるよう、転倒・骨折は避けたいもの。女性の皆さま、十分にお気をつけくださいませ！

7 何もしなくても忙しいのがヨタヘロ期

70代になっても、私は多忙人間でした。

今日はここで会合、明日はあそこでシンポジウム。移動して連泊で講演会をこなし、その合間に執筆。もう、典型的な「働きすぎ日本人」でした。ですから毎日が嵐のようにあっという間に過ぎていきました。

ところがヨタヘロ期になると、違った意味で一日があっという間に過ぎていきます。たとえば、ピンポ～ンとインターホンがなります。ところがインターホンの子機を手に取るまでのあと10センチが、一動作で届きません。身をよじりつつなんとかボタンを押して、元気よく「は～い、いま行きます」。

そこからが大変です。椅子から「よっこらしょ」と立ち上がり、書斎のある2階から階段を下りなければいけません。両膝とも変形性膝関節症なので、手すりにつかまりながら一段一段ゆっくりと。玄関にたどり着くだけで一仕事。宅配便の方にも申し訳なく思います（家を建て替えたとき、運動のためにも書斎は2階にしたのです）。

一事が万事この調子ですから、何をするにも時間がかかる。それで、あっという間に時間が過ぎていくわけです。

おまけにヨタヘロ期になればあちこち故障も多く、医療機関に行く回数も増えます。最近も両眼の白内障の手術をしましたし、病院通いで時間が取られます。

コロナ禍の間は講演もすべてキャンセル。ほぼ家にいて、ときどきパソコンの画面を通して打ち合わせをしたり、取材を受けたり、執筆するくらいでしたが、あっという間に一日が終わってしまいます。

何もしなくても忙しい。それがヨタヘロ期です。

8

料理が面倒になったら「調理定年」を

私は昔から掃除は苦手でしたが、料理は性《しょう》に合っています。たぶん食いしんぼうだからでしょう。70代までは忙しい合間を縫って、好みの料理をちゃちゃっとつくっていました。ところが80を過ぎた頃から、調理がおっくうになったのです。

そこで冷蔵庫の中にあるハム、ヨーグルト、ちょっぴり贅沢《ぜいたく》なパンなど、好きなものだけを適当に食べてすませていたら、なんと、低栄養で貧血になってしまいました。けっこうふっくらとしてよく食べている私が低栄養だなんて、びっくり仰天！

じつは、低栄養になる高齢者は多いみたいです。とくに女性に、その傾向が強い。なぜなら人生ずっと「調理担当」だった女性は、自分が調理しないと誰もしてくれないので、食生活が貧しくなりやすいんですね。

良妻賢母の見本みたいな同級生からの年賀状にも、「あんなに好きだった料理が面倒になった」と書いてありました。夫がいる間はがんばってつくっていたけれど、夫に先立たれたら自分のためだけに料理するのが面倒という声もよく聞きます。

そこで私はこう思ったのです。人生に「調理定年」があってもいい、と。ある本にそう書いたところ、「ものすごく気が楽になりました」とたくさんの反応がありました。マジメな女性は、料理をしないことや、お店で出来合いの惣菜《そうざい》を買ったり、宅食サービスなどを利用することに罪悪感を抱いていたのでしょう。一方で、「実力と努力でそれを乗り越えるのが人間力」という反応も少々。ご立派です！

めでたく調理定年を迎えてもよし、乗り越える努力をするもよし。両方あってこそ人間の多様性です。大切なのは、いままでやってきたことができないなどと自分を責めないこと。

しんどいと感じたら、堂々と胸を張って「調理定年」を迎えてください。

9

買い物が難しくなったら、要注意

「最近、お買い物しなくなりましたね」と、ふだん仕事を手伝ってくれている助手から言われ、そういえばそうだなと気づきました。以前は近所のスーパーやデパ地下に立ち寄って、「これはおいしそう」「あれも食べたい」と、両手いっぱい買い物をしていたものです。

それが数年前から、買い物ができなくなった。正確にいうと、やりたくなくなったのです。

一つにはヨタヘロ期を迎え、体を動かすのがおっくうだからです。加えて、それほど空腹感が湧かなくなったため、買い物の意欲も湧きません。「いつまでもあると思うな空腹感」といったところです。おまけに料理するのが面倒というふうに、次第に食生活がおろそかになる三拍子がそろったわけです。

食材の買い物というのは、これまでの女性にとって、すべての決定権を行使できる場。お財布を握り、予算内で何をつくろうかと考え、必要なものを買いそろえる。これ、けっこう頭も使います。でも、それすら放棄したくなるのがヨタヘロ期。私なんぞ食い意地満点で、食材の買い物が楽しみだったのに、このありさまです。そこから低栄養へとまっしぐら。

そうなったら、人によっては大きく健康を害するきっかけになりかねません。私の場合、娘や助手もいるから、まわりが気づいてくれました。それで宅食サービスやシルバー人材センターの家事援助サービスを活用するようになった次第です。

買い物が難しくなったら、要注意。

何かしら手を打ったほうがいいと思います。

10

シルバーの「老働力」がゴールドを支える

足腰が弱って「ヨタヘロ期」に入ると、自分一人で暮らしのすべてを行うのは難しくなります。安全・安心に過ごすためには、地域の力、他人や家族のサポートが必要です。状況によっては、介護保険のサービスを利用する必要も出てくるでしょう。

自分がヨタヘロ最前線に立って、そのことが身にしみました。介護保険の利用は「申請」して「認定」を受けなければなりません。この年頃になったら地域包括支援センターを訪ねて「いざとなったら」の情報を蓄えておくようおすすめします。

私は週に2回、地域の「シルバー人材センター」の方に来ていただき、買い物、掃除、洗濯、料理のつくり置きなどの家事をお願いしています。高齢者は入浴中の事故が多いので、お風呂に入るのも娘がいるときか、「人材」の人が来てくれている間にしています。

私は神経質ではないので、掃除は週2回やっていただくだけで十分。まぁ、床に猫の毛が目立つときは、ティッシュペーパーを濡らしてささっとふき取るくらいのことはしますが、視力も衰えてくるので、埃《ほこり》があっても気づきません。まさに「見ぬもの清し」です。

いまは娘と同居しているので、「人材」の方が来てくださる日以外は、家事は娘におまかせ。私は家事全般から〝卒業〟しています。もっとも娘も忙しく働いているため、ここだけの話ですが、そんなにきっちり家事をこなしているという感じではないですよ。ただ娘は医者なので「まず野菜から食べなさい！」「肉もしっかり食べて」と号令をかけ――いえ、気にかけてくれています。

おかげで栄養状態はかなり改善されました。

シルバー人材センター事業は、厚生労働省の政策の一つで、都道府県知事が指定しています。高齢者等の雇用の安定等に関する法律にもとづいていて、60歳以上の方が登録できます。

いまの60歳なんて、まだまだ若い！　私は日頃から「70代はアナタ、老いの働き盛りですよ」と言っているので、60歳は「さァ、これから」という年齢。やっと序の口です。それまで家で家事をしてきた女性は、そのスキルを活かして、掃除、洗濯、料理などを「仕事」にすることもできます。

報酬（配分金）は就業形態や仕事内容にもよりますが、その地域の最低賃金時間額が目安になります。また、仕事は「基本的に請負又は委任の形式」「一定した収入（配分金）の保障はありません」とあるので、具体的な数字を知りたい場合は確認が必要かと思われます（東京都の最低賃金は１０１３円。２０１９年10月1日発効）。依頼する側はその額に若干の事務手数料などをプラスして支払うことになります。多少なりとも収入につながり、おまけに「感謝される」という報酬もプラスされるのですから、やりがいもあるはずです。

私は88歳の「ヨタヘロ期」なので、シルバーを通り越してすでにゴールドの年齢です。地域のシルバーの方々に支えてもらうことで、家事からも解放され、そのぶんの時間や体力を仕事にまわすことができます。おかげさまで安心も手に入れることができ、食事も改善されました。

シルバー世代がイキイキと働くことで、80代以上のゴールド世代もますます輝くことができる。これからの時代は、それが当たり前になっていくと思います。

私はいまのところわずかの支援で生活できるので「人材」を利用していますが、最近は、地域のさまざまな市民団体や企業がサービスを提供しています。公的な介護保険の利用を含めて、「他人の手を借りる」方法と費用について情報を集めておくことをおすすめします。

11
「孤食」になりがちな高齢期、「トモ食い」を実践

シルバー人材センターの方が来てくださる日は、昼ごはんと夕食をつくってもらうことにしています。健康を支えてくれる貴重な「手づくり食」の日ですから、この日はなるべく外での仕事は入れないようにしています。

「人材」の方たちは、規則で一緒に食事をすることができません。ただ私が家で仕事をする日には助手にも来てもらっているので、助手を含めて三、四人で食事をしています。娘とは生活時間帯が違うため、朝食と昼食は別。夕食も毎日一緒というわけではありません。ですから、助手が来てくれる日以外は「孤食」になりがち。でも最低でも週に2回、一緒に食事をする人がいるというのは、なんたる幸せでしょうか。

高齢者の「孤食」が心身の健康に悪影響を及ぼすというのは、研究でも結果が出ています。一人だと食事がいい加減になり、栄養バランスを崩しやすい。

かつての私もそうでした。それに誰ともしゃべらずに食事をするのはやはりわびしく、うつうつとしてきますし、しかも早々と済ませてしまいます。

いまは新型コロナ感染症を用心しなければなりませんが、いずれ友達や仲間とともに食べる「トモ食い」を実践していただきたいのです。出歩けるだけお元気なら、たまには「食事フレンド＝食フレ」と外食を楽しんで。出歩くのが大変な人は、経済的に余裕があればお弁当を買うなりデリバリーを頼むなりして、友達に来てもらうのもいいですね。

女性は比較的「トモ食い」が得意ですが、心配なのは高齢男性。地域のボランティア活動などに顔を出して、ぜひ食フレを増やしてほしいものです。

12

「ご馳走する」経済力がほしい

尊敬する先輩に吉沢久子《よしざわひさこ》先生がいらっしゃいます。２年前、１０１歳でお亡くなりになりましたが、高齢者の暮らしにかかわる本をたくさんお書きになり、介護保険制度の実現に向けても大変ご尽力くださった。我が「高齢社会をよくする女性の会」の創立以来の理事として最期までご指導くださいました。家事評論家として活躍なさっていたのでお料理は大得意。その吉沢先生が80歳の頃、こうおっしゃったのです。

「自分で料理をするのがおっくうになったら、一緒に食べてくれる若い人の食材費を出せる程度の経済力があったほうがいいですね」と。

歩けるうちは、出かけて一緒に外食をする。それも大変になったら、友人や知人に家に来てもらってデリバリーを頼んだり料理を手伝ってもらったりして、食材費などの費用は自分が出すようにしている、と。先生は私より14歳上でしたので、当時私はまだ60代。「へぇ、そんなものかな」くらいにしか受け止めていませんでした。

いまは自分自身がヨタヘロ期になり、先生がおっしゃっていたことがよくわかります。私も、料理をつくってくれる人や一緒に食べてくれる人にごく日常的な食事を提供できるくらいの経済力は維持したいとつくづく思いますし、実践もしています。それもあるから、頭と体が続く限り仕事を続けたいと切に願っているのです。

古今東西、歴史が動くきっかけになったのは、食事の場が舞台でした。ローマの昔からシーザーの暗殺も飲食の場のざわめきの中で企てが進んだに違いありません。我が国はといえば、近ごろの政府筋の接待は目を覆うばかりですが、逆に世の中をよくしようという企てもあるはずです。かくいう私も、若い頃は仲間たちと女性の社会進出や高齢者問題に気炎を吐き、いまも「介護保険を後退させる政策はけしからん！」などと、おむすび弁当を膝に声高ばあさんまっしぐら。ときには年下の方々に「私亡きあとは、がんばってネ」。誰かとともにする食事は、貴重な時間なのです。

13

予定を入れて「老《お》っ苦《く》う」の連鎖を断ち切る

歳をとると、何をするのもおっくうになります。ヨタヘロ期ともなれば、朝起きるのも、おっくうそのもの。私の場合、それでも「エイッ、やぁ！」と起き上がるのは、その日、やらなくてはいけない仕事があるからです。

「おっくう」に身を任せていると、筋力や体力、そして精神力もどんどん衰えてしまいます。筋力が衰えれば転倒しやすくなるし、精神力が衰えれば心がうつうつとしてきます。そうなるとまさに、「老っ苦う」の負の連鎖に突入してしまいます。

予定がなければ、ついおっくうさとの闘いに負けてしまいがち。ですから、「やらなくてはいけないこと」や「行く場所」があるのは、ありがたいと思ったほうがいいのです。

この歳になってもなんやかんや、執筆や打ち合わせ、取材などの仕事があるからこそ、朝、起き上がることができる私は、それだけでも本当に感謝しています。ときには人から、「ずっと働き詰めですね、『一億総活躍』政策に乗っかってるんですか？」とからかわれることもあります。でも私は政治家さんのために働いているのではなく、ヒグチさんと志を同じくする人のために働いているのです！

別に仕事でなくてもかまいません。習い事でもボランティア活動でも、友人との食事、カラオケなどなんでもいいのです（新型コロナウイルスの感染予防を優先して）。要支援・要介護の人なら、デイサービスも大事な予定です。

老いたらできるだけ予定を入れて「多忙老人」になり、「老っ苦う」の連鎖を断ち切りましょう。

14
笑って泣いて、楽しいデイサービスへ

10年ほど前に大動脈瘤の摘出手術を受けたあと、筋力も心肺機能も低下したため、介護保険制度を利用してリハビリテーションのデイサービスを受けられるかもしれないと病院で言われました。介護保険を実際に体験できる、こんないい機会はありません。さっそくお願いしたところ、地域の介護保険課の方が来てくださいました。

デイサービスのいい点は、車で送迎してもらえること。ところが人によっては、「そ〜っと来てほしい」という方もその頃はまだいたそうです。デイサービスに行くのは、ちっとも恥ずかしいことではないのに、やはり感覚は人それぞれですね。

私は施設の方に、「『ヒグチさ〜ん、○○デイサービスで〜す』と叫びながら車を門前にとめてくださいね」とお願いしました。声がかかると私はすかさず、「は〜い、ヒグチで〜す。すぐ行きま〜す」。リハビリ用の運動靴を持って、上機嫌でお迎えの車に乗ります。デイサービスに行くのは楽しいことだと、堂々と主張したいからです。

理学療法士の方々がさまざまなリハビリをしてくれる間、お仲間となにげない会話をするのも楽しみの一つ。デイサービスはいろいろな人と触れ合えるコミュニケーションの場でもあると、身をもって実感しました。おかげさまで半年でだいぶ元気になり、デイサービスは打ち切られました。最後の日、「私、今日で終わりなんですよ」と言ったら、居合わせた高齢の女性からこう言われました。

「ヒグチさん、病人や老いた人間が救われる、こんなに素晴らしい制度をおやめになるんですか?　いいこと教えてあげましょう。区分変更の申請をして通れば復活できることもあるんですよ。だから必ずやってみてくださいね」

リハビリの仲間には、私が介護保険制度を実現させる活動をしたことをご存じの方も大勢いましたが、その方はまったくご存じなかった。「こんないい制度はない」と言っていただいて、私は心で感涙にむせびつつ、リハビリセンターをあとにしました。

15 オペラに行かなくなった理由《わけ》

これでもヒグチさん、若い頃はシティガールでした。東京に生まれ育ち、大学時代はコーラス部に所属。新聞部にも入って、歌いながら叫びながら書きまくり、カレッジライフをエンジョイしていました。

歌が好きだったので、子育てから解放され、自分のためにお金と時間が使えるようになると、オペラ鑑賞にハマりました。よき〝オペラ先輩〟にも恵まれ、チケットを取るのはその方頼み。海外にみんなでオペラを観に行くなどという、私にしては珍しく豪華で優雅な経験も何度か致しました。

そんなありがたい時代が15年くらい続いたでしょうか。そのオペラ先輩は私より5

歳上でしたので、徐々にヨタヘロ期を迎え、海外公演に行けなくなりました。そこで海外のオペラ劇場が来日する「引っ越し公演」を一緒に観に行くようになったのですが、やがてそれも難しくなりました。

なぜなら、オペラはとにかく長い！　1幕1時間以上かかることも珍しくないので、高齢者はトイレが心配になるんですね。

お若い方というのは、けっこう残酷な面があるものです。あるオペラ仲間の若輩者が、「おばちゃまとご一緒だと、幕ごとにトイレに行くからイヤだわ」ですって。私、心の中で言いましたよ。「あなたもいずれ、そうなるのよ」。

そのうち「トイレのことがあるからもう行けないわ」と、オペラ愛好会は事実上解散。趣味は大事だけれど、出かけなくては叶えられない趣味は高齢者にとって限界があります。

80代以降の趣味人としての生き方は難しいなと、つくづく思いました。

16

インドアの趣味を見つけよう

60歳の頃、足腰が弱って出歩けなくなる先輩の姿を見ていたので、いずれ自分がオペラに行けなくなる日が来るかもしれないと予感していました。そこでお金の余裕があるときに一枚ずつ、レーザーディスクを買い始めたのです。

当時はルチアーノ・パヴァロッティ、ホセ・カレーラス、プラシド・ドミンゴの三大テノールの全盛期。彼らの作品を中心に、ポピュラーなオペラの演目のコレクションを始めました。「足が萎えちゃって外に出られなくなったら、このレーザーディスクを毎日1枚ずつ楽しむわ！」などと、助手に自慢していたものです。

ところが科学技術は日進月歩。いつの間にかレーザーディスクは衰退し、すっかり時代遅れ感のある代物に。技術の老いの速度は速く、なんと私の老化を追い越してしまったのです。レーザーディスクに投入したあの資金は、いったいどうしてくれよう！　もちろんいまでも、ディスクは大事に取ってありますが。

いずれにせよ、これからはインドアで楽しめる趣味を見つけるしかありません。手と頭を同時に使うものは老化予防になるので、子どもの頃やっていたピアノのお稽古を再開しようか。いまとなっては4年前の自宅の建て替えのとき古いピアノを処分したことが悔まれます。「昔とった杵柄《きねづか》」の麻雀《マージャン》もいいけれど、メンツをそろえるのが大変だし――なんて考えていたら、ある大学の名誉教授が、「ヒグチさん、麻雀教室開いてよ」と言ってきました。

私が理事長をつとめているＮＰＯ法人「高齢社会をよくする女性の会」の事務局は、狭いながらも便利な場所にあるので、コロナ禍が収束したらそこで麻雀教室でもやろうかしら。そんなラチもないことを夢想しています。

17

年を重ねてから気づく親きょうだいの「文化遺産」

この年齢になって初めて、「あぁ、あのときの出来事が、こんなふうに役立っている」と気づくことがあります。

私のたった一人の兄は、眉目秀麗で勉強も得意。早熟な文学少年で、10代前半から海外の文学や日本文学を読みふけっていました。幅3尺（約90センチメートル）、高さ6尺の本棚には、兄が大切にしている古典文学や海外文学全集など本がぎっしり。その兄は15歳の若さで、結核で亡くなってしまいました。

私は兄とはまったく違い、浅学でおっちょこちょい。人と大声で話しながら外で遊ぶのが大好き。本にもそれほど興味がありませんでした。ところが私も結核にかかり、

1年半ほど学校を休学することになりました。その間することがないので、兄が残した本をひたすら毎日読み続けたのです。

同じ本を3回くらい読んだでしょうか。さまざまな文学や批評に触れて世界が広がったし、言葉の力を実感。それが結果的に物書きの基本となりました。もし兄が残してくれた本棚がなければ、いまの私はなかったかもしれません。

父についても思い出があります。私は毎年2月末になると、古い木箱から雛《ひな》人形を取り出して飾ります。私の初節句に合わせて父が用意してくれた女雛と男雛です。当時の名工の腕による一刀彫りのお雛様なのでけっこう渋く、子どもの頃は「もっと華やかなお雛様だったらよかったのに」と思ったこともあります。でもいま見ると、しみじみ味わい深いなと感じます。

父は戦前、考古学者として大学の教壇に立っていましたが、終戦後は高齢だったためなかなか新しい職が見つかりませんでした。

世の中が落ち着きを取り戻してくると、文化財保護の委員や郷土史の編纂など、専門分野に関係する仕事の注文が入るようになりました。そして一般の人向けの小規模な講座の仕事などにも、楽しそうに取り組んでいました。

大学の教壇に立てなくても、仕事ができるだけでありがたいと思っていたのでしょう。仕事の大小、謝礼の高低にかかわらず、すべて同じ姿勢で取り組んでいました。

高齢になってからも仕事があり、「自分も社会の役に立っている」と実感できることが、晩年の父を支えていたように思います。その父の姿勢が、いまの私が仕事をするときのモデルになっています。

毎年3月が近づき、お雛様を出すたびに父を思い出します。秀才の兄を偏愛した憎《に》っくき父ですが、老いてどんなささやかな仕事でも喜々として取り組んでいた姿と、地味ながら味わい深いお雛様を残してくれたことで帳消しにしようと思います。

兄が早世したぶん、私は長い寿命をいただいた気もします。そして兄や父が残してくれたものが、88歳の私の血肉になっている。最近つくづくそう思います。

18

青春の思い出を胸に、これが最後のクラス会

87歳のとき、高校時代のクラス会が開かれました。私も参加しましたが、87ともなれば、一人で家を出られない人が何人か出てきます。

全員そろうと120名ほどのクラス会ですが、この日集まったのは40人ほど。そのうちの一人は、車椅子に座りご家族が付き添っていました。

びっくりしたのは、100歳になる担任の先生（男性）が一番お元気だったこと。うれしかったし、おおいに励まされました。

でもその日、私を含めて参加者はみな、内心こう思ったはずです。「集まるのはもうこれが最後かも」と。これから先は、名簿で管理するという形でクラス会を続ける

ことに決まりました。

80代後半ともなれば、生活の彩りがなくなりがちです。そんななかで、青春をともに過ごした人たちと語らうのは、私にとって楽しい時間でした。

皆さんどのような生活をしているのか。どんな活躍をしてきたのか。それぞれの消息を聞き、人生のあれこれを見聞きすることが面白かったのです。

ですからその日のクラス会は楽しかった半面、家に帰ってからちょっぴりしんみり。ついに70年近く続いた舞台の幕が下りるのか——そう思うとなんとも寂しく、せつなくなったのです。

19 「サヨナラ」ダケガ人生ダ

思えば88歳の秋は、悲しい季節でした。２０２０年9月某日、親友の訃報が二つも届いたのです。さすがにしゅんとしてしまいました。私はほぼ女性の平均寿命に達していますから、まわりで同年輩の訃報が増えてきます。

私はいままでヨタヨタヘロヘロしながらも、90歳、１００歳まで生きている人は幸せだと思っていました。でも長生きするというのは、いいことばかりではないんですね。それだけ別れのつらさ、寂しさを経験するのだと、この歳になって実感しました。

そういえば40代くらいのとき、小学校のクラス会が開かれ、寄せ書きに「みんなの真ん中くらいで死にたい」と書いた記憶があります。みんなに「恵ちゃん、ヘンなこと書くわねぇ」と言われたけど、本気でそう思ったのです。こんな楽しい集いも、ある年齢になったら櫛《くし》の歯が欠けるように減っていくのだろうなぁ。だったら最後に残りたくない――。40代でそんなことを考えるとは、先見の明があるといえばいいのか、あるいは変わり者なのか。しばらくそのことを忘れていましたが、親友の訃報を受けたことで、クラス会の記憶がよみがえりました。

母のことも思い出されました。明治生まれの母は、晩年2年間ほど病院のお世話になっていましたが、外泊を許されて一時家に戻ってきたことがあります。ちょうどその時期に母の友人の訃報があったので「○○さん、お亡くなりになったのね」と知らせたところ、母は大粒の涙をポロポロ流して声を立てずに泣きだしました。その方は母より年上だったので享年80近く。当時としては相当長生きです。ですから私は、「その歳になったら、亡くなるのは仕方ないんじゃないの？」と言いました。あぁ、なんとひどい娘だったのでしょう。いまになると、無言で涙を流した母の気持ちがよくわかります。

これまで、105歳で亡くなられた日野原重明《ひのはらしげあき》先生や、101歳で亡くなられた吉沢久子先生のことを、長生きされて、ぎりぎりまで仕事でも現役でいられて、人々の尊敬を集め、なんとお幸せな方々だろうと思っていました。

でもきっと、まわりで親しい人が次々といなくなる寂しさや悲しさに胸がつぶれそうな思いをなさっていたはずです。それでもお二人ともそれを表には出さず、いつもニコニコ前向きでいらした。いまさらながらに、見事だったと感服します。

そんなわけでそれから数日は落ち込んでいました。でも、亡くなった人は、私の心の中には生きています。そして何かの拍子に、「あの方、こんないいところがあった」「あの人、よくあんな大変な状況を耐えてがんばった」と、さまざまな思いがよぎります。共通の知人と、故人について語り合うことも少なくありません。

生き残った人の記憶に残っていれば、その方はまだ「生きている」。そう気持ちを切り替えねばと自分に言い聞かせたところ、いつの間にかふだん通りの私に戻っていました。

第2章

老いの暮らし、どうしたものか

老いてからの一人暮らしは、不安が大きいもの。
さりとて、子どもとの「中途同居」も、なにかと大変です。
最後は老人施設で過ごすという選択もあるでしょう。
でもそれまでの間、どこでどう過ごすか。
高齢者本人も、子どもさん側も
なかなか結論を出せないはずです。
一軒家に住んでいれば、家の老朽化という問題も起きてきます。
自分も家も同時多発老化。さて、どうしたものか——。
我が家の例はあまり参考にはならないかもしれませんが、
自分の経験を交えながら
高齢になってからの親子関係や
住まいの問題、日々の生活について
考えていきたいと思います。

20 体が老いると家も老いる

私の二番目の連れ合いは、70歳になる直前で亡くなりました。〝おひとりさま〟の老後を覚悟した私は、夫の死後、将来有料老人ホームに入るつもりで入居資金を蓄えてきました。

ところが84歳のとき、方針を転換せざるをえなくなりました。

というのも、自宅は築40年を超える木造建築。あちこち雨漏りしたり、蔵書の重みで床がへこんだりして、毎年のように修繕費がかかり、かなりの額のお金がとんでいくようになったのです。

建ててくれた建築家の友人は、「木造建築の耐用年数は30年ほどで、良心的に建てられた家は40年以上持つ。ただしそのように長持ちさせるためには早いうちから屋根や壁の塗り替え、水回りなどのメンテナンスが必要だ」とアドバイスしてくれました。それなのに私ときたら馬耳東風。忙しさにかまけて、ほったらかしにしていました。

家を建てたとき、連れ合いと私は40歳そこそこでした。当時の平均寿命は、男性も女性も80歳以下。ですから家の耐用年数が来る頃には、人生も終わっているだろうと漠然と考えていたのです。でも私は80歳を超え、体が老いるのと比例するかのように家も老いてしまい、ついには家の寿命を私の寿命が追い越してしまったわけです。その結果、我が家はおそろしい金食い住宅に。

家は人と同じで、寿命が近づけばあちこち故障します。修繕するには、思いがけない出費を強いられるのです。一方高齢期になると収入が減り、緊縮財政を考える人も少なくありません。高齢期と家の耐用年数が重なると、経済的にも大変なことになります。

このあたりは、若いうちからしかと認識をしておいたほうがよさそうです。

21

相続税減税の特例を活用

家を建て直すというのは大事業です。それでも決断したのには2つ理由があります。まず1つは、旧宅の耐震検査をしてもらったところ、今後震度5以上の地震が来たら倒壊することが判明。我が家は住宅密集地にあるので、万が一、倒壊でもしたら、ご近所にただならぬご迷惑をかけてしまいます。

2つめの理由は、親子が同居していれば、私が亡くなった際、細かい条件はありますが、娘は相続税が8割減額されます。これは大きい。だとしたらそれを利用しない手はない。そう思いました。

うちの場合、一人娘は独身です。私は懸命に育てたつもりですが、娘は娘で私のような親を持って苦労した面もあるに違いありません。その埋め合わせに、無理なくできることはしておこう、と思いました。だったら私亡きあと、娘も暮らせるよう家を建て直そう。そんなわけで84歳にして、無謀ともいえる決心をした次第です。

建て替えにあたっては、あちこちに手すりをつけ、いざというときのために小さなエレベーターもつけました。疲れたらすぐ横になれるよう、書斎と寝室を一体化し、部屋のすぐそばにお風呂やトイレも設けてあります。

玄関を引き戸にしたのも、力がなくても開け閉めしやすく、車椅子生活になっても使いやすいように。建て替えたことで隙間風もなくなり、冬は暖かく、夏は涼しくなりました。

このまま死ぬまで在宅で過ごすか、あるいは最終的に施設に入るかは、状況次第。いまの段階では、どちらとも決めていません。娘に介護の負担をあまりかけたくないので、自立した生活ができなくなったら、施設に移るつもりです。

しかし私は、「あなたの世話にはならない」とはひとことも言いません。命を与えた親の最期を見届けるくらいのことは子どもの義務だと思っています。

22

「片づけ」は拒否していい

家の建て替えで一番大変だったのは、荷物の整理です。それというのも、まずは旧宅から仮住まいへ。そして仮住まい先から、建て直した家へ、都合2回引っ越しをしなくてはいけないわけですから。

なにせ40年以上生活してきた旧宅です。モノの多さは半端ではありません。職業柄、本や資料類も多いし、おしゃれも好きだったので服やスカーフもたくさんあります。それらのものすべてに目を通し、処分するものと仮住まいに持っていくもの、レンタル倉庫に預けておくものに分類しなくてはいけないのです。

旧宅を引き払うにあたって、ふだんからなにかと口うるさい娘からは、「荷物、とくに書類・書籍を半分捨てるように」と冷たく宣告されました。「30年間、一度も使っていないものがほとんどでしょう」とも言われました。私は、負けじと応戦。

「31年目に使うかもしれないじゃない！」

人から見たらガラクタかもしれませんが、私にはそれぞれ思い出があります。変色してページがくっつきそうな本も、若い頃に必死で書いた本のために集めた資料だと思うと、捨てがたい。「捨てる」と考えただけで、身を引きちぎられる思いがするのです。引っ越し応援団の力を借りてなんとか3分の1ほど減らしましたが、それ以上は無理でした。


家が完成し、新居できれいに荷物が片づいたかというと、そうはいきません。じつは引っ越して4年もたつのに、まだ私の部屋にはダンボール箱が積まれています。

1回目の仮住まいへの引っ越しで残したものは、「捨てがたい」という思いがあったもの。私以外の人間にとってはなんの価値もないものかもしれませんし、なきゃ困るというものではないけれど、やはり捨てるにはしのびない。かといって日常生活で必要なものというわけではないので、出して整理するのが大変なのです。

そこで決めました。もう、これ以上片づけるのはやめよう、と。この年齢で片づけなんて、体力も気力も消耗し、寿命を食いつぶすだけです。残された歳月を思ったら、したいことがまだたくさんあるので、片づけなんてしている暇はありません。

私は荷物の処分費用を残して、ガラクタも残す。「そのなにが悪い！」と胸を張って言うことにしました。

いまも娘に言われますよ。「この山のような荷物、どうするのよ」と。私は「どうもしないッ！」と開き直っています。

一般に子どもというのは、とかく老いた親に「家を片づけろ」と言いたがるようです。最近は「親家片《おやかた》」なんて言葉もあるそうですね。親の立場からすると、「余計なお世話」と言いたくなります。きちんと片づけられる人のことはもちろん尊敬していますけれど。

高齢者にとっては、長年身近にあったものを「手放す」ことはつらいし、モノを選《よ》り分けて整理する気力も体力も乏しくなっています。かといって子どもに勝手に選り分けられるのも、ちょっと待ってよ、と言いたくなります。

それに歳をとって外出がままならなくなっても、モノを眺めながらいろいろな記憶をたどるだけで、無聊《ぶりょう》を慰めることができます。「あら、このブローチはオペラを観に行ったときイタリアで買ったんだわ」とか「この資料はあの本を書くときに集めた」などと思うだけで、ちょっぴり幸せな気分になります。だから、無理して〝断捨《だんしゃ》離《り》〟することはありません。しかし、子どもの迷惑もまたわかります。そこで、ガラクタも残すが遺産も残す、の作戦です。

「処分費用はちゃんと残すから、放っておいて。私が死んだあとに捨ててちょうだい」と子どもに伝え、毅然として片づけを拒否してもかまわないと思います。

23 プチ「老人性うつ」を経験してわかったこと

引っ越し騒動には、思わぬ副作用がありました。しばらくの間、ちょっとしたうつ状態に見舞われたのです。

まずは建て替えを決めたことで片づけをしなくてはならなくなり、書籍をはじめ膨大な持ち物を前にちょっぴり憂うつに。いわば「片づけうつ」。モノを処分するということがこれほど精神的な負担になるとは、想像していませんでした。

その次に襲ってきたのが、「虎の子消失うつ」でした。それまでかなり忙しく働いてきたので、それなりに蓄えはありました。できれば食事がおいしい施設に入りたいと思い、がんばって貯めてきたのです。

ところが自分で建て替えを決断したにもかかわらず、大散財してしまったことで、心細さからうつ状態に。そのため工事の進捗状況を見に行く気も失せ、仮住まいから近いのに、とうとう引っ越しの日まで新居を訪れることはありませんでした。

持ち家があり、娘も仕事をして自立しているのだから、私はかなり恵まれているほうです。それなのに持っていたお金が少なくなっただけで、うつになるとは！

正直、自分でもびっくりしましたし、新たな発見でもありました。

高齢になると、うつになりやすいそうです。健康不安や配偶者の死、孤独など、うつの要因はさまざま。加えて、もし経済的な不安があるとなれば、心に相当負担があるはずです。

自分の経験を通して高齢者の経済的安定の重要性を再認識し、今後の活動のテーマにしなくてはと改めて思いました。

24
財産の捨てどき、活かしどき

そんなわけで、軽い「片づけうつ」「金欠うつ」になったものの、家の建て替えは悪くない選択だったと思います。

娘とは、建て替え前から一緒に住んでいました。ただ彼女は当時、大学病院の医局に勤めていたので、自宅べったりではありません。他県の病院に勤務していた時期もあれば、海外の病院に出張したこともあります。東京勤務の間はなんとなくずるずる一緒にいる、いわば「ずるずる同居」でした。

家の建て替えを期に、「ずるずる同居」を改め、「死ぬまで同居」を覚悟。娘もそのつもりがあるからこそ、大学の医局をやめて、自宅から通える病院に変わったのでしょう。
おかげで私は「安心」を手にいれることができました。ですから私にとっては、「財産の捨てどきは、活かしどき」だったのです。

誰しも高齢になるにつれ、このまま家で暮らせるかどうか、考えなくてはいけない時期がきます。

「家屋の老朽化」もあれば、独居や老夫婦のみで暮らしている方は、「施設に入るかどうか」等々。「住む場所」について考えないわけにはいきません。

有料老人ホームに入るためには、自宅を売却しなくてはいけない場合も多いかと思います。私の場合、最後はどこかの施設にお世話になるかもしれませんが、とりあえずは家を建て直すという大散財をしました。

いずれにせよ、大きな決断を迫られることになります。自分はこの先、どう生きたいのか。前向きに考えたうえで、よりよい選択ができるに越したことはありません。

25 同居でも精神的な距離を置く

家の建て替えを期に娘とは「死ぬまで同居」を始めましたが、実態はというと、いまも「一人暮らしが二人いる」ような生活です。

娘は朝早く起きて、勝手に出勤。私は彼女が出かけたあとにゆっくり起き、午後は執筆やパソコンを使った会議など、あれこれの仕事をしています。

夕食も、娘の帰りを待たずにすませますから、ごくゆるやかなシェアハウスに住んでいるようなもの。この距離感が、私にも娘にも向いているのだと思います。

もちろん、娘と同居していることで、どれだけ安心感があるか。孤独死する心配も、ある程度防げます。それにゴミ出しをバトンタッチできたことがありがたい。というのも、今回の永久同居を決める前は、「ゴミ出しができなくなったときがホームへの入りどき」と考えていたからです。

最近は分別の方法も複雑ですし、ゴミの袋を持って家を出るのも一仕事。ころびやしないかとヒヤヒヤします。決まった時間までにきちんとゴミを出すというのは、高齢者にはかなりハードルが高い作業です。

娘が仕事のため家を離れて一時別居している間は、ご近所さんが手伝ってくださいました。ご近所の力は偉大です。だからといって甘えてよいものでもありません。いまではゴミ出しは娘の役目。ときどき「また分別が間違っている！」と怒られはしますが、助かっているのは確かです。

同居してくれる子どもがいて、私は恵まれていると思います。かといって娘に媚《こ》びるつもりはありませんし、逆に「親風」を吹かすつもりもありません。

女親というのはとかく、娘を「私の分身」と思いがち。とはいえ相手だって、立派な大人なのです。「子ども」ではなく一人の大人として接し、常に一定の敬意を払わねばと思います。私も、つい上から目線でものを言ってしまうのを改めないといけないと、ときどき自分に言い聞かせています。

私がそう考えるようになったのは、昔、実家の母との苦い経験があったから。結婚後、20代後半で娘を出産した時期、私たち家族は母と同居することにしたのです。父に死なれて一人暮らしだった母は喜んで引き受けてくれました。

ところが母はなにかにつけ、私に上からものを言います。夫もそれを嫌がっていました。この同居は約3年後、夫の急死で突然終わりを迎えました。

私は母を反面教師としようと、心に誓いました。しかしそのわりに、私と娘の口喧嘩は終始絶えないのですが……。

26

「あなたの世話にならない」はNGワード

先ほど少し触れましたが、私は、親たちが気軽に「子どもの世話にならない」と言うことに反対です。

うちはかなり壮絶な〝口喧嘩〟をする親子です。誰に似たのか、娘は口が達者なので、憎たらしいと思うこともしばしば。それでも売り言葉に買い言葉で「あんたの世話になんかならないよ」なんて、一度も言ったことはありません。喧嘩したあとに、「ま、それでも最期はよろしく。ふふふっ」てなものです。

なにも、介護を子どもたちにすべて担わせよ、ということではありません。介護保険や他人の力を借りるのが、いまの介護の前提です。でも、命を与えて育てた親の最期の後始末くらいして当たり前でしょう、と思っています。子どもは子どもで、親のことをいろいろ考えてくれるでしょう。でも、親が子を思う気持ちはその何十倍もの強さがあるのではないかと思います。

私の場合、娘が4歳のときに最初の夫を亡くし、そのあとは文字通り死に物狂いで働きました。なんとしてもこの子を育てあげなくては、学費を稼がなくてはいけないと、必死だったのです。

大げさではなく、「この子のためなら死んでもいい」と思ったことも何度かあります。親というのはどこかそんな思いで子どもを育てているわけですから、最期のほんの一時期の後始末くらい、してもらって当然だと思います。

ですので老いを意識し始めた70代頃から、娘には「自分に命を与えた親の最期を見届けるのは、命を与えられた側の義務」ということを常に伝えてきました。

ときには最期に関して「お願いしま〜す」と、選挙演説みたいなことを言っています。ふだんはすぐカッカする私が、「あなたのこと、信頼しているから」とニコッと笑うと、娘はドキッとするみたいです。

繰り返しますが、親の禁句は「あなたの世話になんかならない」です。

息子さんがいる方は、息子のお嫁さんにも、「○○子さん、あなたが頼りなのよ。息子をお願いいね。そして私の最期を見送ってね。おっほっほ」とにこやかに言っておく。憎たらしいことを言うより、そのほうがよっぽど怖いと思いますよ。

親が亡くなったときの諸手続きも、子どもがいるのなら、子どもがやるしかありません。だってこちらは、お棺から起きだして役所に行くわけにはいかないですから。

そして私を含めて、以上のようなことが言える親は、幸運をかみしめて感謝しなければなりません。

27

老年よ、財布を抱け

体が弱って子どもと同居するような場合、家の権利書や預金通帳、年金証書など、すべてを子どもやお嫁さんに渡す人がいます。でも私は、これに反対です。

自分の財布を子どもに渡すと、主導権まで握られてしまい、あとは死ぬのを待つだけになってしまいます。ですから認知症にならない限り、私は預金通帳や印鑑、年金手帳などを娘に渡すつもりはありません。

家の名義も、もちろん私です。生前贈与しなくても、同居していれば相続税が大幅に免除されるので、私の名義のままでなんら問題はありません。あくまで家主は私。ですからもし大喧嘩したら、「文句があるなら出ていけ！」と堂々と言えます。

「一緒に住んでくれているのだから」と、お子さんに遠慮して暮らしている方のお話もよく聞きますが、面倒をみてもらう側が縮こまる必要はないですよ。家主であれば、堂々としていましょう。

そして自分の財産に関しては、できるだけ最後まで自己決定権を保有しておいたほうが、高齢者の立場は断然強くなります。ですから、私は皆さんにこう言っています。

「少年よ、少女よ、大志を抱け」
「中年男子よ、妻子を抱け」
「老年よ、財布を抱け」

ただし、高齢になるほど認知症などの影響で判断能力に欠ける場合が増えます。そういう場合の高齢者の権利擁護についてはまだはっきりと「これがよい」という政策はありません。これから私たちが取り組む活動の重要な柱です。

28

一人暮らしなら「お風呂コール」を

いま、助手をつとめてくれている女性は、私のいとこの娘です。夕方になると、彼女の携帯電話が鳴り、電話に出てひとこと「あ、そう。気をつけてね」。それから小一時間するとまた電話がかかってきて、今度は「よかったね。じゃあ、おやすみなさい」。

これ、お母さんからのお風呂コールだそうです。お風呂に入る前に必ず娘に電話をかけ、出て着替え終わったらまた電話をかける。それが母娘間の約束事だとか。とてもいい習慣だなと思いました。

高齢者は、入浴中の事故が少なくありません。私の友人は、ある日お風呂から出ようとしたらバスタブから立ち上がれなくなったそうですし、お風呂場と脱衣場の温度差が原因のヒートショックで心筋梗塞や脳卒中を起こすこともあります。厚生労働省によると、2018年の家庭の浴槽での溺死者は5398人で、交通事故の死者数3532人より多いのです。とりわけ、溺死者のうち9割以上が65歳以上の高齢者です。

ですから高齢者にとって入浴は、要注意行為。一人暮らしなら身内に、「いまからお風呂に入ります」「無事にお風呂から出ました」コールはぜひしたほうがいいと思います。

でもこれは、娘だから思いつくこと。親としても相手が娘だと頼みやすい。息子相手には、なかなかできないかもしれません。かといって、息子の奥さんにも頼みづらい。では、どうしたらいいのでしょう。私は、たとえば二人子どもがいるなら、お風呂コールを担当するほうの子どもに少し多めに謝礼や遺産をあげてもいいのではないかと思います。あるいは1年おきに、役目を交替するとか。連絡できる子どもがいない場合は、高齢者見守りサービスや、見守り機能がついた電化製品を導入するのも手です。

ことは、命にかかわります。ですから、なんらかの方法でお風呂コールを実行していただきたいと思います。

私は以前、サービス付き高齢者向け住宅（サ高住）をあまり評価していませんでした。サービスといっても1日1回の安否確認くらいで、何かあったら家族に知らせる、と。それでサービスなんて聞いてあきれるとさえ思っていました。

でも一人暮らしの高齢者が、病気やアクシデントで自宅で亡くなるケースが多くなっているいま、1日1回の安否確認というサービスには大きな意味があると気づきました。サ高住に入っていたら、異変があったときすぐ家族に知らせがいく。

ある程度高齢になったら、安否確認をしてくれる警備会社と契約する、あるいは1日に1回電話で連絡をするといった方法もあります。

今後も一人暮らしの高齢者が亡くなるケースが増えていくでしょうし、それは残された家族にとってもつらいことです。いまのうちにリスク管理をすることは、自分を守るだけではなく、子どもへの思いやり、子孝行でもあるのですね。

29 老いてもペットと暮らしたいなら

うちには目下、3匹の猫がいます。ちょっぴり落ち込んでいても、体調が悪くてしんどくても、猫と遊んでいるとすぐに口角があがって笑顔になります。猫の名前を呼ぶときは、まさに「猫なで声」。娘と口喧嘩しているときとは、別人のような声になります。私にとって猫は、心のリハビリ介護士です。

高齢になってから犬や猫を飼いたいという方、けっこういらっしゃるようですね。でも餌代や医療費がかかる。餌やりや排泄物の始末などもそれなりに大変です。

なによりの問題は、自分が病気で倒れでもしたら、そのあと誰が面倒を見るのか。実際、保護犬・保護猫活動をしている団体や動物愛護センターに持ち込まれるペットは、飼えなくなった高齢者からのケースもあるとか。

そのため保護活動をしているNPO団体でも、原則60歳以上の人には譲渡しないところがほとんどです。でも「預かりボランティア」というような形で、高齢者でも保護犬や保護猫と暮らすことができる場合もあるそうです。これは、新しい里親が見つかるまで一定期間預かってお世話をするという方法。保護団体によってシステムが違いますが、審査を通ってボランティアになったものの、自分が病気になるなどの理由でペットの世話ができなくなった場合、もとの保護団体で引き取ってもらえるところもあるようです。他のボランティアの方々とのかかわりを通して社会参加でき、新しい世界が広がると思います。

私は遺産を残せるかどうかわかりませんが、もし多少なりとも残ったら、高齢の飼い主と死に別れた動物のお世話をしている団体にほんの寸志程度でも寄付をしたいと考えています。あるいは、高齢者の心を慰めたペットたちが最後まで幸せに暮らせる老ペットホームをつくるための基金に加えていただけたら――。これまで代々の猫たちから受けた恩に、多少は報いることができるのではないでしょうか。

郵便はがき

料金受取人払郵便

銀座局
承認

7546

差出有効期間
2023年3月
31日まで

(切手不要)

100-8788

304

(受取人)
東京都千代田区大手町1-7-1
読売新聞ビル 19階

中央公論新社 販売部
『老いの福袋』
愛読者係 行

フリガナ
お名前

男・女　年齢　歳

◆ お住まいの地域

(都・道・府・県)

◆ ご職業

1.学生　2.会社員　3.会社経営　4.公務員
5.自営業　6.主婦・主夫　7.パート・アルバイト
8.フリーター　9.その他(　)

弊社出版物をお買い上げいただき、ありがとうございました。
本ハガキで取得させていただいたお客様の個人情報は、編集宣伝以外には使用いたしません。

愛読者カード

作品名『老いの福袋』

◆ この本に興味をもったきっかけをお選びください。(複数可)

1. 書店で見て
2. 樋口恵子さんの作品だから
3. 新聞広告(紙名：　　　　　　)
4. 新聞・雑誌の書評
5. テレビ番組での紹介
6. ネット書店で見て
7. ネット書店のレビュー
8. 書評サイトの評価
9. 友人・知人に勧められて
10. SNS で見て
11. その他（　　　　　　）

◆ どこで購入されましたか。

1. 書店　（　　　　　　）
2. ネット書店（　　　　　　）
3. その他（　　　　　　）

◆ 普段、本を選ぶ際に参考にしている新聞、雑誌、番組、web サイトなどがありましたら教えてください。

◆『老いの福袋』の感想をお書きください。

入いただいた個人情報以外の内容は、広告等、書籍の PR に使用させていただくことがございます。

アンケートにご協力ありがとうございました。

30 穴あきセーターもつくろい次第

猫関連で、もう一題。

私はそそっかしいので、食事中、すぐ食べこぼしをします。家でよく着ていたベージュ色のセーターに、うっかりお肉のおいしい汁をたらり。肩口と胸のあたりにこぼしてしまいました。すると、すぐにくいしんぼうの猫が飛びついてきて、汁がついたところだけ齧《かじ》ってしまったのです。

さて、1センチほどの穴が2ヵ所もあいているセーターをどうしたものか。色はちょっと地味ですが、ウールにシルクとアンゴラの混紡で、とても着心地がよく、軽くて暖かいのです。だから、いくら猫に齧られようと、着続けたい。

すると助手が、「知り合いに直しものが上手な人がいますよ」と言って、預かっていきました。

しばらくして仕上がったセーターを見てびっくり！　同じような色の毛糸で立体的な花を作り、三輪くらいまとめて花から房が垂れるようにして、肩と胸元につけてあるのです。なんでも〝ダーニング〟と呼ばれる、イギリスの伝統的なつくろい方だそうです。そんなわけで穴あきセーターは、外出着に昇格。「そのセーター素敵ですね」と褒められると、内心しめしめ。

たとえ多少くたびれても、穴があいてポンコツになっても、工夫次第でもとより素敵になるのですね。こじつけかもしれませんが、なんだか高齢者のありようと似ているなと思い、ベージュだけに米寿のお祝いのときに着ることにした次第です。

31 「終《つい》の棲家《すみか》」の始末をどうするか

お墓を「終の棲家」などと呼ぶ人もいるので、お墓問題をこの章に入れました。

私は柴田《しばた》恵子として生まれましたが、最初の結婚の際、相手の姓を名乗り「樋口恵子」となりました。夫の生家である樋口家は長野県の旧家で、彼は先祖代々の墓に入っています。

二番目の夫は70歳になる直前に亡くなりましたが、生前、自分の手で先祖代々の「墓じまい」をしました。彼は長男としての役割を完璧に果たしたのです。

3年2ヵ月に及ぶ闘病期間中、夫も私も、自分たちの終の棲家をどうするか考えることをすっかり忘れていました。というより、その余裕がなかったと言ったほうが正確かもしれません。

彼は元気な頃、「僕は自分の家のことは全部始末したから、おめぇさんに迷惑をかけることなんか何もねぇからな」と豪語していました。それなのに、自分のお墓の件は何もなさらないまま、先に死んでしまいました。

残された私は、どう後始末をすればいいのか困惑。結局、分骨して8分の1は合同墓に収め、残りはまだ手元に持っています。

これから夫と私が一緒に入れて、子どもに負担をかけない方法を考えるつもりです。これが私にとって、正真正銘、最後の終活かもしれません。

急いだほうがいいのですが、コロナ騒動で場所を探すのを一時中断中です。

ちなみに我が娘は、「猫も一緒に樹木葬でいいよ」とのたまっております。

だから私の墓じまいは、これから私の実家の菩提寺《ぼだいじ》と相談して決めます。大変と言えば大変ですが、生き残った人の義務と思っています。

第3章

「金持ち」より「人持ち」でハッピーに

高齢になると、人が財産です。
いい人間関係を築き、
日常的にいろいろな人とコミュニケーションをとることで
結果的に健康寿命も延びるというもの。
人との触れ合いが高齢者の心身の健康にとても大事だというのは、
いまや医学界でも常識となっています。
ヨタヘロ期になると外出もおっくうになるかもしれませんが、
「人間関係は人生の保険」と考えて
前向きにとらえてほしいものです。
そこでこの章では、老いてからの人間関係にまつわるあれこれや、
外出する際にちょっと覚えておくと便利なことを
お伝えしようと思います。

32

「おひとりさまの老後」を支える人間関係3つのポイント

配偶者を亡くし、〝おひとりさま〟となったある男性が、「妻の死後、私は3つの保険に入りました」と教えてくれました。といっても、金融商品の保険ではありません。安心・安全に生きるための、人間関係の保険です。

分譲マンションに住んでいたその人の1つめの保険は、自治会の役員を自ら引き受けたこと。

2つめは、市民講座運営委員会の委員になったこと。

3つめが、カラオケサークルに入ったこと。

その方は元大学教授で、現役時代は研究一筋。なんの趣味もなかったそうです。でも妻を失って一人になり、はたと「そういえば昔、歌を歌うのが好きだった」と思い出されたとか。地元のカラオケサークルに入ったことで、それまでの人間関係とはまったく違う仲間が増えました。

〝保険先〟には、自分が一人暮らしであることを公表。そうしておけば、連絡が取れなかったり予定していた日に顔を出さなかったりしたら、心配して誰かが自宅を訪ねてくれます。万が一、自分が倒れていたり亡くなっていたとしても、誰かが発見してくれるはず。そんな「安心」を手に入れたことで、気持ちが軽くなったと語ってくれました。

いまはコロナ感染に気をつけねばなりませんが、ボランティアや趣味のサークルなどは、高齢や一人暮らしになってからの大事な保険。掛けておいて絶対損はしません。「金持ち」になるのが難しくても「人持ち」になれば、高齢になってからの生活は豊かになります。

33
情けは人のためならず

私は常々、「70代は楽しい老いの働き盛り」と主張しています。いまの70代は、まだまだ元気です。80代以降を明るく健やかに過ごすためにも、70代までは「無茶はしないけど、少々の無理はしよう」くらいの気持ちで、前向きにはつらつと過ごしてほしいもの。70代に仕事をすることで、その先の経済的不安もやわらぎます。

たとえ年金があって生活に困らなかったとしても、老後の生きがいのために仕事をするとか、ボランティアをするなど、自分から積極的に社会との接点を持つことが大事です。そこから人間関係が広がり、「人持ち」になれば、家族がいなくなっても極端な孤独にはなりません。

ですから働けるうちは働き、もしそれでも余力があれば、ボランティア活動など、社会参加をしてみてはいかがでしょう。

70代ならば、人を助ける活動も十分できるのです。そしてそれは必ず、自分に戻ってきます。

私は社会活動を通して生涯の友人をつくっている人をたくさん見てきました。80代、90代を迎えたとき、そうした友人がどれだけ支えになるのかもつぶさに見ています。

ボランティア活動なんて、自分はあまり興味がないという方もいると思います。でも別に高遠な理想を立てずとも、「長生きのための保険の一種」「いずれ配当が戻ってくる」と思えばいいのです。

「情けは人のためならず」と昔からよく言いますが、まさにその通りだと思います。

34

恨みつらみは「棚上げ」方式で

70歳のとき、我が人生最大のクライシス（危機）が訪れました。第1章で少し触れましたが、2003年、無謀にも東京都知事選挙に出馬したのです。

雛祭りの前、女性たちからぜひ立候補してほしいという声が上がりました。でも私は選挙に出ようなどという気は毛頭ありませんでした。ところが3月7日に石原慎太郎氏が再選を目指して出馬すると表明した頃から、少し気持ちが揺れてきたのです。

石原氏がある方の言葉を引用して「〝文明がもたらしたもっとも悪しき有害なものはババア〟なんだそうだ。〝女性が生殖能力を失っても生きてるってのは、無駄で罪です〟って」（『週刊女性』2001年11月6日号）と発言したことに対して、どれだけ多くの女性が傷つき、怒ったか。言わば生存の権利の否定でしたから。それだけでなく、当時は「男女共同参画」「ジェンダー」を禁句にすべしというようなバッシングの嵐が吹き荒れていました。

さまざまな分野の怒れる人たちが、私に出馬を要請してきました。もしここで断れば、推してくれた方々を裏切ることになる。最後は「立たなければ女がすたる」という気持ちになり、負けいくさとわかりつつ立候補を決断しました。ちょうど大学を定年になった年だったので、学生や大学に迷惑がかからないタイミングということも、大きかったと思います。準備期間はほとんどないし、相手は与党の方。権力に盾突いて出るからには、この選挙を機に社会的に抹殺されるだろう。そんな覚悟で出馬したのですから、そりゃあ悲壮でした。

ところがたった1週間の準備期間で17日間の選挙期間に突入したにもかかわらず、82万票近くの票をいただいたのです。もちろん当選には至りませんでしたが、この数に驚きました。しかも、私が日頃「憎らしい」と思っていた人やちょっぴり恨んでいた人まで、応援してくれたり、票を入れてくれたりしたのです。

この経験を通して、私はおおいに反省しました。「袖すり合うも多生の縁」という言葉がありますが、人生のどこかで出会った人が、どう巡り巡って味方になってくれるかはわからない。衝突して疎遠になっていた人にも、再会を感謝できる日がやってくる。時がたてば、関係性が変わることもあるのですね。だから一時的な恨みつらみで人を排除したり、関係を閉ざすべきではない。そう思い至ったのです。

かといって人間は記憶の動物ですから、恨みつらみをすっかり忘れてしまうことはできません。私はこう見えて案外ヤワな魂の持ち主なので、利息までつけて記憶にすり込んでしまうようなところがあります。

そこで私は、「恨みつらみは棚上げ方式」にすることに決めました。余生も短いのに、怒ったり恨んだりしてネガティブな感情に支配されるのは時間がもったいない。別に忘れなくてもいいけれど、棚上げにして他のことを一所懸命やろう、と。それ以来、生きるのがとても楽になりました。

ですから皆さんにもアドバイス。とりあえず恨みつらみは棚上げして、いまやりたいことや楽しいと思うことをやったらいかがですか？

35

「後から化けて出るぞ」

――ネガティブな感情を逸らすヒント

「恨みつらみは棚上げしよう」などと、ちょっぴりいいことを言った舌の根の乾かないうちになんですが――。

棚上げしたものの気持ちを解消しきれない相手のことは、「死んだら後から化けて出るぞ」と思うことにしました。定員はだいたい3名から5名。化けて出る順番を考えて、最初に化けて出る相手は「後化け1号」。続いて「後化け2号」「後化け3号」くらいまでは候補として挙げておく……といった具合です。

月日がたつ間に、順番が変わることもあります。ときには、何かのきっかけで候補から外れる方もいます。もし定員内の誰かが私より先に亡くなったら、選外だった人が繰り上げ当選、とか。

そんなことを考えていると、だんだんおかしくなってきて、思わずふふっ。後から化けることに決めたら、本当に気が楽になりました。

「恨みつらみも縁のうち」と思って受け入れて、「後で化けて出る楽しみになりゃいい」くらいに思っていると、いつの間にか考え方も変わっていきます。

ネガティブな感情も笑いに転換すると、なんかもう、恨むこと自体が滑稽でバカバカしくなってくるのです。

そうやって自分の気持ちをうまく逸《そ》らす方法を見つけると、ぐんと生きやすくなりますよ。

\36/

優秀な吸水パッドや紙パンツでお出かけを

第1章で、私がオペラ観劇に行かなくなった理由に触れました。いつもチケットを取ってくださっていたオペラ愛好家の先輩が、トイレが心配になり劇場から足が遠のいたのが、オペラ離れをしたきっかけだったのです。

もしあのとき、いまあるような高性能の吸水パッドやシルバー用の紙パンツがあれば、オペラ先輩も亡くなるぎりぎりまでオペラを楽しめたのではないでしょうか。いまになって、つくづくそう思います。

トイレが近いから心配で外出できない。くしゃみしたときに尿もれしそうで、不安だ。高齢になると、そんな悩みが増えます。でもそのために外出をやめたら、心もうつうつとするし、運動機能も低下します。

外出できるうちはなるべく出かけて社会との接点を持つのは、健康寿命を延ばすために重要なポイント。「紙パンツなんて沽券《こけん》にかかわる」などとかたくなになり、家に引きこもっていたら、本末転倒だと思いませんか？

科学技術が日進月歩したおかげで、日本の吸水パッドと紙パンツの性能や使い心地はすばらしい！　生活に取り入れることで、高齢者はもっと外出ができるようになり、行動範囲も広がります。仕事やボランティア活動、趣味も、どんと来い。自由を手に入れのびのびと生活を楽しめるようになるのです。

私はまだ紙パンツを使っていませんが、不安になったら取り入れて、どんどん外出したいと考えています。

37 連れ立って「ゆるやか体育会系」

私は若い頃、典型的な文系女子でした。中学時代から「ジャーナリストになりたい」という夢を抱き、大学時代の趣味は合唱。スポーツには興味ありませんでした。

でも、ヨタヘロ期に足を踏み入れた頃から、考えが変わりました。健康寿命を少しでも長くするためには、努力が必要だ。よし、これからは体育会系女子になろう、と。

私がいま、健康上でお金をかけているのがリハビリ体操です。月謝を払い、月に2回先生に来ていただき、ストレッチや軽い筋力トレーニングをしています。もう5、6年続けていますが、やはり効果は大きいですね。歩くのが以前より楽になりました。

家に来てもらうのは、ある程度の経済力がないとできないことですが、「死ぬまで仕事をしたい人間」の私にとっては必要経費です。若い頃は「お金を払ってまで運動をするなんて」と思っていましたが、すっかり宗旨替えをしました。

住宅街を歩いていると、時間帯によっては、まなじりを決して競歩のような歩き方をしている高齢男性と出会います。その努力、お見事です！　頭が下がります。でも専門家の話によると、一人で黙々と運動をするより、ちょっと軽く談笑でもしながら連れ立ってウォーキングをしたり運動をするほうがいいみたいですよ。いわば、ゆるやか体育会系。

女性は連れ立つのが大得意ですが、男性はとかく根性を重視しがち。でも高齢になったら、もう根性は手放してもいいのでは？　あまり悲壮な顔をして運動をせずに、体操のサークルなどに出かけて、楽しく明るく運動するのもいいかもしれませんよ。

38

買い物には「甲斐」がある

神奈川県立保健福祉大学学長の中村丁次《なかむらていじ》先生は、健康寿命を長くするには「買い物せよ」と提言しています。著書（『女はなぜ男より長生きなのか』）の中で、女性のほうが男性より平均寿命が長い理由の一つとして、「買い物」を挙げておられます。

自分の目で商品を選び、自分のお金で購入するというのは究極の自己決定権です。しかも運動の機会が減少する高齢者にとって、買い物はなにより歩行という運動のチャンスです。とくに行動範囲が狭くなりがちな高齢期において、買い物の意味は重くなります。

ちょっと遠くまで出歩く元気とお財布に余裕があれば、女性なら友達と出かけておしゃれ用品やデパ地下で食料品を買うのも楽しいはず。奮発して喫茶店でおしゃべりに花を咲かせたら、気分もうきうきします。

遠くまで行くのが大変なら、近所のスーパーやコンビニに行く手があります。最近はコンビニでも高齢者向けの商品を揃えているところが増えていますし、ちょっとしたおかずやおやつも手に入ります。

買い物を楽しむためには、多少なりとも経済力が必要です。だから元気なうちは働いて、お小遣いを得ようではありませんか。

そこで第2章でもご紹介した言葉を、ここでもう一度。

「老年よ、財布を抱け！」

もちろん、調子に乗って浪費せぬようご注意を。

39
「病《や》んだら帳」と入院セット

高齢になると、外出中に何が起きるかわかりません。転倒して立てなくなるかもしれないし、急に脳梗塞や心筋梗塞を起こす可能性だって、ないとはいえません。一人でいるときに倒れたら一大事。意識があるとは限りません。私も胸腹部大動脈瘤の手術で入院したのを機会に、こう思いました。これからは「病んだら帳」を持ち歩こう。そこに過去の病歴や服薬歴を書いておいたら、いざというとき役に立つからです。

お薬手帳でもよいのですが、何冊にもわたっていたりしてかさばります。それより、カードか薄い手帳みたいなものでもよいので、簡単に書いておいたらよいのではないでしょうか。私は「延命治療を拒否」する旨を書いた名刺を持ち歩いているので、一緒にクリップで挟むなどしておけばよいかな、と考えました。

もし入院することになったら、連絡や世話をしてくれる人も必要です。かつて私の入院中に人から「いいシステムですね」と褒めていただいたのが、名づけて「五人組制度」。入院中、身の回りの世話が必要なときに、親戚や親友、娘などに交代で来てもらったのです。

たとえ子どもや子どもの配偶者、あるいは親友でも、頻繁に同じ人に来てもらうのは負担をかけてしまいます。日頃から「万が一」のときに備えて何人かの人にお願いしておくと、いざというときにあわてなくてすみます。

「入院セット」を用意しておくこともおすすめ。

地震に備えて防災バッグを用意している方もいるかと思いますが、高齢になったら入院の頻度も高くなるはず。下着や洗面用具などをセットにしてわかりやすい場所に置くといいと思います。

40

病気になってもあわてない

病院関連の話が出てきたので、ひとことつけ加えたいと思います。おっちょこちょいであわてんぼうの私がこんなことを言うのは気が引けますが、突然なにか病気の疑いが示されたときは、なによりあわてないことです。そしてできれば、セカンドオピニオンを求めたほうがいいと思います。

私が60歳のときのことです。乳房に小豆くらいの大きさのしこりを発見。さっそく病院に行き、マンモグラフィーで検査を受けたところ、しこりがしっかり映っていました。そこで針を刺して組織を取る病理検査を行ったところ、がん細胞が見つかったのです。

当時の私は介護保険制度をなんとか国に導入してもらうための大事な時期で、大きなイベントも控えており、超多忙期。「時間がないから、さっさと切っちゃってください！」みたいな勢いで手術を決めました。

手術中に「術中迅速病理診断」で切除した部分を調べたところ、小豆くらいの大きさのしこりは、がんではありませんでした。なんと、脂肪のかすが集まったものだったのです！

なんでも60歳くらいになると、体の一部にがん細胞がぽつり、ぽつりとあるのは当たり前だとか。乳房の中にもパラリンコン、パラリンコンとあったけれど、病変には至っていなかったんですね。たまたま針を入れたとき、乳房の中にあるがん細胞を引き当ててしまった。どうも、そういうことだったようです。

お医者様は気の毒なくらい平身低頭。しかし、手順を踏んでいるのでいわゆる誤診ではありません。焦って「とにかく一刻も早く悪いところは切ってほしい」みたいな態度をとった私にも責任があるのです。

それにがんの診断や治療は、まさに日進月歩です。当時の検査技術では、そのような結果もあり得たのでしょう。本来ならば最初の検査のあと、今後の治療方針をしっかり話し合うなり、さらに精度の高い検査に進むなり、あるいはセカンドオピニオンを求めるなどしたほうがよかったのだと思います。

誰でも病気の疑いがあると診断されたら、気持ちが焦るはず。なかにはパニックになる方もあるかもしれません。でも、ゆめゆめ焦るなかれ。

もちろん進行しているがんの場合などは、急を要するかもしれません。でも、「かもしれない」くらいの状態なら、焦らず、いったん落ち着いてしっかり考えたほうがいい場合もあります。

これは、私自身が身をもって体験したことから得た教訓です。

41

「お見舞いに来てほしい人リスト」をつくる

「行くべきか行かざるべきか、それが問題だ」——ずばり、病気のお見舞いです。

私が若かった頃、忙しくてなかなかお見舞いに行けませんでした。すると友人が、「アナタ、行かないほうがいいのよ」と言ってくれました。そのときは忙しい私を気遣ってくれていると思っていたのですが、そう単純な話でもないようです。

あるとき、立派な仕事をされていた少し先輩の女性が入院されました。その方の旦那様は、病状も一切説明なさらないし、面会は固辞されました。きっと妻の尊厳を守りたい一心だったのでしょう。社会的に活躍されていた人だっただけに余計、病気の姿を人目にさらしたくないと考えられたのだと思います。

認知症の症状が出ている場合なども、面会をお断りされるご家族もいるようです。その気持ちも、わからないではありません。

一方で、迷いつつお見舞いに行くと、「本当にありがとう。待ってたのよォ、あなたが来るのを」と言われることもあります。すると、「あぁ、行っておいて本当によかった」と思います。お見舞いに関しては、ご家族も、お見舞いに行くほうも、迷って当たり前。パッと結論が出ることではありません。

私自身は、本人が会いたいと思うなら会わせるべきだと考えていますし、自分もそうしてほしいと思っています。

だから私は元気なうちに、「何があっても会いたい人」リストを用意しておこうと思っています。私がどんな状態であれ、お見舞いに来てほしいと明記しておくのです。

まぁ、娘がどう計らってくれるか、そしてお見舞いに来てくださった方を私が認識できるかどうかは、神のみぞ知るではありますが。

42

お医者様にお願い。「命の主体」をお忘れなく

これは、お医者様や介護認定のお仕事をされている方に対するお願いです。

高齢になると、なにかと医療機関のご厄介になることが増えます。私もここ数年、白内障の手術を受けたり、大動脈瘤の術後の定期検診、あちこちの不調などで医療機関を訪れることが増えました。同年輩の友人がこんなことを訴えていました。

「先日、私が娘と病院に行ったら、医師が娘のほうばかり見て説明をするの。私は微熱のある体を身ぐるみ持ってここに来ているのに、おかまいなしに娘のほうを向いて話す。命の主体は本人です。医者に行くというのは、まさにその人固有の命の容《い》れ物を引っさげて行くのだから、私に質問してほしい」

医師の立場に立つと、高齢の患者は耳が遠くなっていたりしてコミュニケーションがうまくいかないことがある。そこでつい、ご家族に向けて話してしまうのでしょう。

要介護認定に訪問する行政の担当者も同席する家族のほうを向いてばかりいる、という苦情を聞きました。また、施設を見舞うたびに祖母の「本人度」、当事者性が低下していく、というお孫さんからの投書を読んだ記憶があります。

年とともに「自己決定権」を失っていくのはやむを得ない面がありますが、当事者である本人を可能な限り尊重していただきたいと思います。

もちろん、一対一の対応をしてくださる方もいますが、高齢になると、「私とあなた」という一対一の出会いが少なくなります。そこに家族や他者が介在することが増え、当事者が置き去りにされる。それがなんとも歯がゆいですし、高齢者にとっては「遺憾」です。

ご家族も、もし医者や介護関係者がそのような態度をとったときは、ひとこと言ってください。

「父に直接話してもらえますか」「母にそう説明していただけますか」と。

43

人を一般名詞でくくらないでください

お医者様や介護関係者へのお願いの続きです。

１０１歳まで生きられた詩人の柴田トヨさんの『くじけないで』という詩集に収録されている「先生に」という詩に、こんな一節があります。

「今日は何曜日？」
「９＋９は幾つ？」
そんな　バカな質問も／しないでほしい

「柴田さん／西条八十《さいじょうやそ》の詩は／好きですか？
小泉内閣を／どう思います？」
こんな質問なら／うれしいわ

私は、医師の認知症テストには快く応じたいと思いますし、病院で医師と時の内閣について論じたいとも思いません。でも、柴田さんの詩を読むと思わず、そうだ！がんばれ！　と言いたくなります。個としての患者を見てよ、という思いが伝わってきて、思わず応援したくなるのです。

人は何歳になっても、一人ひとり違う「私」であり、個性もあれば、それぞれの考えもあります。それを「年寄り」「患者」という一般名詞でひとくくりにしないでほしい。そういうことだと思います。

90年生きたら90年分、100年生きたら100年分、さまざまな人生の積み重ねがあり、いろいろな思いを持って生きているのです。ですからどうか、人を一般名詞で扱わないでいただきたいのです。お忙しいところと存じますが、お気持ちだけでも。

44

「形見分け委員」を任命しました

こう見えてヒグチさん、かつてはけっこうおしゃれでした。お友達と連れだって洋服をあつらえたりもしましたし、海外に行くとついスカーフを買ってしまいます。気がついたら、タンスの小引き出し3つ分くらい新品のスカーフが――。

私には、高価な宝石を買うほどの財力はありません。和服は最初の夫と死別したときすべて売り払ったので、衣服は洋式しかありません。とはいえ、そこそこのアクセサリー、指輪やブローチなどは、それなりの量があります。

そこであるとき「形見分け委員会」を設置。すでに2~3人の委員を任命し、(半分冗談ですが)私が死んだらこれはこの方に、あれはあの方にと分配を考えてもらうことにしています。
委員の方々曰《いわ》く「葬式よりも、形見分け会のほうが人が集まるわよ」。それはそれで、楽しそうでいいじゃないですか。

娘には、「先にあんたのほしいものだけ、抜いていってね。残ったものを分配委員会にお任せするから」と言ってありました。昔、そう言ったとき、娘は「そんなばあさん趣味のものなんか、私は一個もいらん」と、可愛げのない返答。

ところがいまや自分もばあさんに近くなってきたせいか、「私が先に取ったらもうロクなものが残らないかもよ」なんて言ってます。かといっていまさら委員会から分配権を取り戻すなんて、みっともなくてできません。

45

葬儀計画に変更アリ

私の二番目の連れ合いは、「オレは無宗教なので葬式は花で飾った祭壇と写真だけ。曲はチャイコフスキーの『悲愴』をかけてくれ」と言っていました。彼が70歳直前で亡くなったときは、仕事も現役でしたし、かつての教え子たちなど大勢の人が来てくれました。『悲愴』を中心にチャイコフスキーの曲を流したところ、お経がなくても十分もったのです。当時私は68歳。将来、自分の葬式にはどんな曲をかけてもらおうかと真剣に考えました。

私はオペラが好きですし、若い頃、合唱のサークルに入っていました。男女混声のコーラスは、それぞれ音質も音域も違えども、一緒に一つの音楽、一つの世界観をつくり上げる。性別を超えて誰もが同じ重さを持っているわけです。私が合唱を好きなのは、男女平等論者からかもしれない。だから私の葬式には、オペラの合唱曲をメドレーでかけてもらおう――。まずビゼーの「カルメン」の第一幕から始まり、モーツァルトの「ドン・ジョバンニ」、ヴェルディの「ナブッコ」。こんな曲が次から次へとかかったら、ヒグチさん、お棺から起きだして歌っちゃうんじゃないかと一人でニヤニヤしていました。

ところが葬儀に関する考えも、歳を重ねるにつれて変わってきました。私の年齢になると、同年輩の仲間たちは先に逝かれたか、皆さんヨタヘロ。年下の人だって、そろそろヨタヘロ予備軍です。葬儀に来ることができない人もいるし、介添えがないと出席できない人もいるでしょう。だったら、コロナ禍で定着した家族葬もいいのではないか。これは超高齢社会にふさわしい、ゆかしい見送り方だなと感じました。

いまの私には、オペラの合唱曲は大仰すぎるようです。ごくごく身近で生き残った人に、ちょっぴりしんみりと、でも明るく見送っていただければ、それで十分です。

第4章

「老いの大冒険」を乗りきろう

目下、日本の人口における高齢者の割合は激増中。
現在、10人のうち3人は65歳以上ですが、
さらに加速して、2025年には
5人に1人が75歳以上になるそうです。
日本は、人類が誰も経験したことのない「老いの大冒険」へと
先陣を切って漕ぎ出したことになります。
どのように豊かな高齢社会にしていくか世界中が注目しています。
「今日の乙女は明日のばあさん」「今日の若者、いずれじいさん」
老いも若きも知恵を出し合って、
この冒険を成功させるしかないのです。
この項ではちょっぴり怖い話も出てきますが、
これがいまの日本の現実。
ですから30代、40代の方にも、ぜひ読んでいただきたいと思います。

46 平均寿命の変化から見えたこと

日本は世界に誇る長寿国です。平均寿命は男性81・41歳で女性は87・45歳（2020年7月発表）で、男性は世界3位、女性は世界2位。日本はもう何年も、世界長寿オリンピックでメダル獲得の成績をあげています。

私が生まれたのは1932年。その3年後にあたる1935年度に行われた国勢調査では、平均寿命は男性46・92歳、女性は49・63歳でした。私が生まれた頃は「人生50年」と言われており、人はそのくらいしか生きられないというのが常識だったのです。それが、自分が生きている間に平均寿命がこんなに延びるとは！

戦時中は犠牲になった人が多かったため、例外的に寿命が短かっただろうことは想像がつきます。

戦争が終わり、1947年になると、食糧難や感染症などで苦しむ人が多かったにもかかわらず、平均寿命は男性50・06歳、女性53・96歳と、戦前の平時を上回る数字。その後、経済が復興するにしたがって寿命は延び続け、いまや常に世界トップ3に位置する長寿国になったわけです。

寿命が延びたのは、医学の発展や栄養状態の改善、幼児死亡率の低下などさまざまな要因がありますが、長寿の大前提はなんといっても「平和」です。

平和の条件のもとで経済が発展し、社会保障などの支えもできて、世界有数の長寿国となったのです。

\47/

2025年問題、5人に1人が75歳になる

2025年、日本は歴史的な年を迎えます。戦後すぐの第一次ベビーブーム時代に生まれた「団塊の世代」がすべて75歳を迎え、後期高齢者となるのです。

団塊の世代の人口は、600万人を超えています。その600万人が塊となって、後期高齢者に参入。まさに「老塊《ろうかい》」の世代です。そのため一気に後期高齢者人口が増え、なんと国民の5人に1人が75歳以上に。未曽有の超高齢時代の始まりです。

戦争の被害が少なかった私たち世代は大勢が戦後の平和を享受し、ほとんどが初代としての長寿を楽しみ、かの団塊世代のいわば露払いの役目をしてきました。現在、最も多く死亡する年齢は、男性88歳、女性92歳とか。

ここで、長寿社会の持つ現在と近未来の問題点を申し送りしておきたいと思います。

人口構成を年齢ごとに棒で表したグラフは、かつてはピラミッド型になりやすかったので、「人口ピラミッド」などと呼ばれています。ところが先進国ではどこも少子高齢化の傾向にあり、ピラミッド型にはなりません。日本の場合、子どもの出生数がどんどん減っているのでグラフの下の方が細くなり、いまや真ん中がふくれた「ビア樽」状態。なかでも飛び出しているのが、団塊世代と団塊ジュニアです。

これが2025年にどうなるかというと、75歳以上がぐんと増え、人口ピラミッドならぬ「人口盃《さかずき》」に（次ページの図参照）。大変な時代がやってくることは明らかです。

いまの人たちは70過ぎても、見かけも若けりゃ体も若い！　75まではそれほど病気をせず、ある程度健康を保つことができます。ところが75を過ぎると体にあちこちガタがきて、病院のお世話になることもぐっと増えます。介護保険の利用も増えるでしょう。そうなると健康保険財政も介護保険財政も大ピンチ。しかもこの老塊の世代のケアは、いったい誰が担うのでしょう。大きな課題です。

日本の人口構成
「ピラミッド」から「盃」に

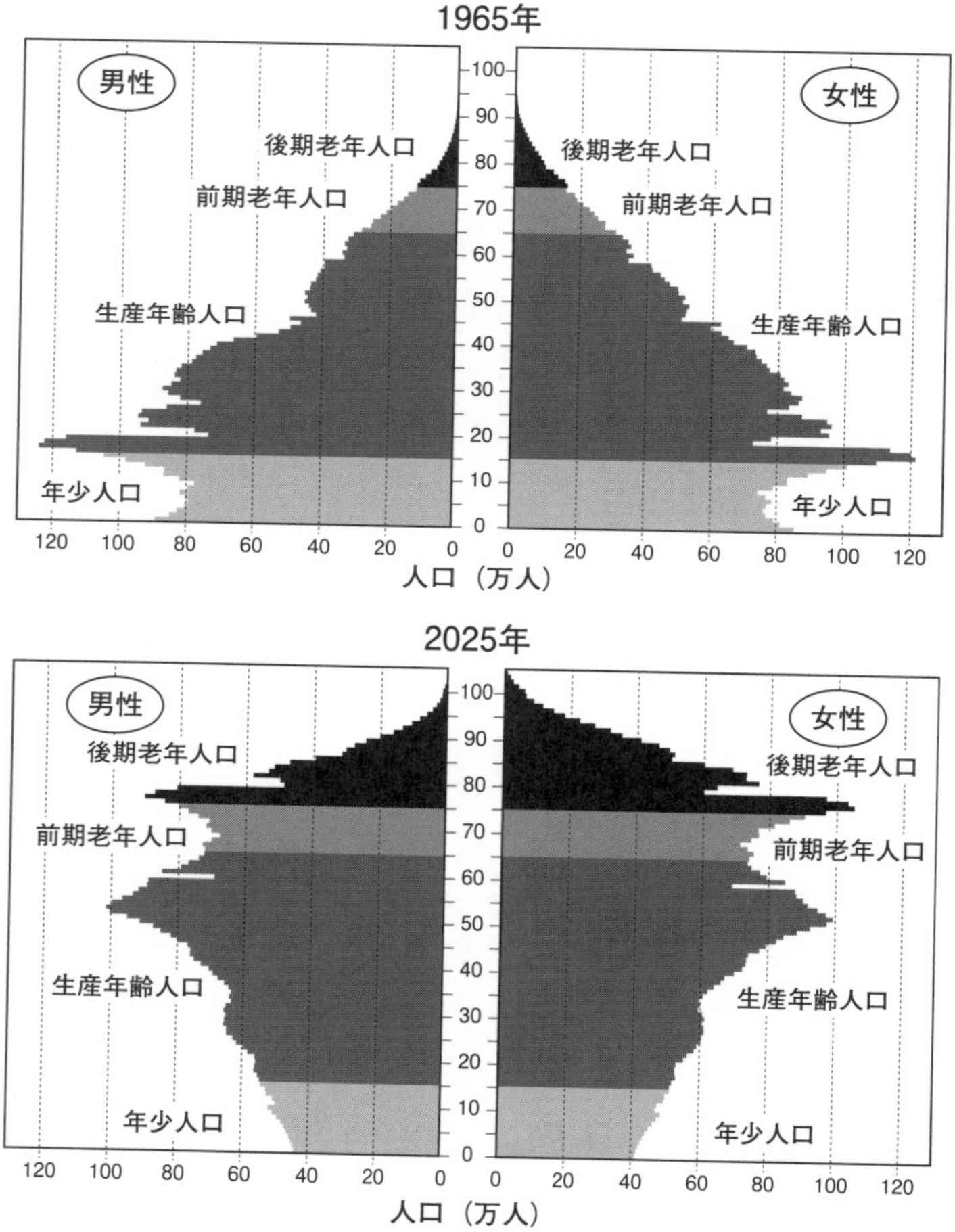

「日本の将来推計人口（平成 29 年推計）」（国立社会保障・人口問題研究所）
（http://www.ipss.go.jp/pp-zenkoku/j/zenkoku2017/pp_zenkoku2017.asp）を加工して作成

48 「ファミレス時代」がやってくる

あるときふと思い立って、いとこたちの名前を思い出そうとしました。でも、どうしても親しい人しか思い出すことができませんでした。なにもヒグチさんがもうろくしたせいではありません。たぶん、ですが。父方は4人きょうだい、母方は7人きょうだいで、それぞれ4人ずつくらい子どもをもうけましたから、全部合わせると40人くらい。あまり行き来がなかったいとこの名前を忘れてしまうのも致し方ありません。

ところがたった一代違いで、私の子どもには、いとこが一人もいません。私には姉兄が一人ずついましたが、上から順番に亡くなっていったので結果的に一人っ子に。ですから姪《めい》も甥《おい》もいないのです。しかも私の娘も一人っ子で、子なしのシングル。我が一族、先細りのうえ、通行止めです。そういう家族がこれから激増します。

日本の人口構成を見ると、おそらく有史以来初の「家族・血縁の少ない時代」が到来しています。名づけて「ファミレス時代」。ファミレスとは、ファミリーレス＝家族なしのこと。つまり「家族や血縁が少ない人」が多い社会になるのです。

私たちが生まれた昭和ひとケタ世代は夫婦の間に平均5人の子どもがいました。でもいまや世界有数の少子社会。きょうだいもいないし、甥も姪もいない。そういう人は増える一方。おまけに2015年の国勢調査では、50歳時の未婚率は、なんと男性23・4％、女性は14・1％に達しています。生涯独身の人も増えつつあるいま、近い将来「老いの大シングル時代」が到来するのは、間違いなさそうです。65歳以上の「夫婦のみの世帯」は、いまや全世帯数の32・3％（国民生活基礎調査、2018年）を占めています。配偶者のどちらかが亡くなれば、〝おひとりさま〟になる可能性大。

ファミレス時代では、ケアを担う家族が減って、一方で介護を必要とする高齢者が増えます。さて、この問題をどう解決すればいいのでしょう。この先、国は福祉政策で、企業は経営戦略として、一国の存亡をかけてケアを支える必要があります。

49

「超高齢社会」×「ファミレス時代」の行きつく先は

さて、「超高齢社会」×「ファミレス時代」でなにが起きるか。答えは「大介護時代」です。人口の3分の1が高齢者で、しかも家族がいない人や少ない人が多い。ではいったい誰が介護を担うのか――。

介護について詳しくは第5章にまとめますが、これから私たちは介護に対する考え方を大きく変えていかざるをえなくなるでしょう。

子どもやお嫁さんが自分の人生を犠牲にして介護をするとしたら、就労人口は減るし、経済は停滞し、社会にとっては大きな損失です。あまり使いたくない言葉ではありますが、おおいに国益を損なうのです。

そもそも物理的に考えて「超高齢社会」「ファミレス時代」に、家族だけで介護を担うのは不可能です。

この非常事態をうまく乗りきり、なおかつ誰もが安心して子どもを産み育てられる社会になれば、日本は大きく変わるはず。ですからこの難局は、我が国の将来を左右する試練と言ってもいいかもしれません。

そのためには、老いも若きも一緒になって、どのような社会を築いていくか、真剣に考える必要があります。

ちょっと深刻な話題が続きましたが、いま日本がどんな状況にあるかを認識しておくのは大事なこと。まだお若い方も、自分の将来がかかっているのですから、現状を知っておいていただきたいと思います。

50 高齢期に失うもの
――「4つの覚悟」をしておく

ここからは社会の話はちょっとおいておき、老いていく主体である「あなた」や「私」個人のお話です。

高齢期になると、4つのものを失う可能性があります。

まず「人」。配偶者などの家族がいなくなるかもしれないし、友人、知人もこの世から去っていく。家族や友人、知人が健康を損ね、会えなくなる可能性もあります。

次が「健康」。いまの高齢者は健康な人が多く、75歳まではたいして病気をしません。でも75を過ぎたあたりから、さまざまな病気にかかる人が増えます。認知症になる人の率も上がりますし、私みたいに足腰がヨタヘロ状態になる場合もあります。

3つめは「お金」。人はなかなか、ぽっくりとは死ねないものです。そのため高齢になると、なにかと医療費がかさむように。結果的に貯金が少しずつ減っていく可能性があります。

4つめは「家」。持ち家があるからなんとかなると思っていても、家の老朽化で住めなくなることもあります。人口減少社会で不動産の価値もどうなるか。あるいは家を手放し、老人施設などに入る選択をする場合もあるでしょう。

失うものばかり考えていると、気が滅入ってくる方もいるかもしれません。でも、大丈夫。失ったものを補う方法は、いろいろあります。

まずは「そうか、こういうことが起きるんだ」と心の準備をしておくこと。覚悟をしておけば、いざというときパニックにならないですみます。

51「ピンピンコロリ」は幻想です

皆さん高齢になると、「ピンピンコロリが理想」と言います。でも実際は、なかなかそうはいきません。私自身、自分がヨタヘロ期に突入し、そのことを実感しました。この先、いつ要介護になるかわかりません。もしそうなった場合、その状態で何年生きるのか、自分でも想像がつきません。

最近よく聞く「健康寿命」という言葉があります。健康寿命とは、「平均寿命から、寝たきりや認知症などの介護状態の期間を差し引いた期間」とされています。

最新の健康寿命のデータは２０１６年のもので、男性は72・14歳、女性は74・79歳。

平均寿命とは、かなり差があります。

高齢社会の重要な課題は、健康寿命と実際の寿命をどれだけ近づけるか。そのために何をすればいいのでしょう。

お医者様に聞くと、高齢者の健康に不可欠なのが、「バランスのとれた食事」「適度な運動」「社会参加」の3点だとか。

男性にお願いします。それまで料理と縁遠かった人も、定年退職を迎えたら、第二の人生を歩むためのパスポートだと思ってぜひ料理を覚えてください。

配偶者がいる方は、もしかしたら奥さんのほうが先に体調を崩したり場合によっては先立たれる可能性もあります。食事の用意は妻におまかせではなく、心身ともに元気なうちは自分の食べるものは自分で用意できる「自立した人間」でいてほしいものです。

52 すべての道はローバへ通ず

「まえがき」でもお話ししましたが、日本は高齢化率、堂々世界ランキング1位。65歳以上の高齢化率は28・7％です。女性に限ると、なんと全女性人口の31・6％が高齢者。このままだと日本人女性の3人に1人がローバになるのも、そう遠くはありません。

もう少し、数字におつきあいください。高齢者のうち、女性と男性の割合を比べてみると、65歳以上だと女6に対して男が4。85歳以上になると女2対男1になります。

100歳ともなれば、なんと9対1！

日本はまさに「ローバ帝国」化していることは間違いなさそうです。

ここからが重要です。

繰り返しになりますが、平均寿命は男性が81・41歳で女性は87・45歳。そして健康寿命は男性が72・14歳、女性は74・79歳です。

さて、寿命からこの数字を引き算するとどうなるでしょう。

答えは男性が約9年、女性が12年ちょっと。女性はせっかく長生きしても、健康を損なってからの期間が男性より3年も長いなんて！　なんだか損した気がします。ではなぜ男と女で、健康寿命の差が出るのでしょう。

大きく二つの理由が考えられます。一つは、女性の場合、転倒・骨折をきっかけに介護が必要な状態になるケースが多いこと。男性より骨格がやわな上、骨粗鬆症《そしょうしょう》になりやすいという身体的特徴のせいで、運動機能が低下することが多いのです。

そしてもう一つ、見過ごされがちなのが経済的問題です。

女性の高齢単身者は経済的に厳しい人も多く、結果的に食生活が貧しくなりやすいのです。男女の一人暮らしの家計を比べると、残念ながら女性のほうが格段に貧しいことがわかります。

55〜74歳を対象とした「高齢男女の自立した生活に関する調査」（内閣府男女共同参画局、2008年）によると、年収180万円以下の男性は、全体の33・4％と3分の1ほどなのに、女性は51％と半数を超えます。高齢シングル女性の2人に1人は、年収180万円以下なのです。

男性の単身者はそれなりの年金があるので、スーパーで好きなお惣菜を買ったり、ときに外食を楽しむこともできます。お財布の心配がなければ、料理がそれほど得意ではなくても栄養失調にはなりません。ところが女性単身者のなかには、経済的な理由で食生活を倹約せざるをえない人が少なからずいるのです。

高齢女性の貧困――これは由々しき問題です。

53 夫を亡くしたあとの年金リスク

60代の頃、連れ合いと「最後は一緒に有料老人ホームに入ろう」と話していました。ところが私より3歳上の夫は、70歳直前で亡くなってしまいました。

私は70歳まで大学教授を務めつつ、執筆や講演活動を続けてきました。大学退職後も、かなり忙しくしています。おかげさまでわずかながら（途中就職したので）自分自身の年金もあれば、ある程度収入もあるという、まずは恵まれた境遇です。

でももし私が専業主婦だったとしたら、夫が予想外に早く亡くなったとき、生活はどうなっていたでしょうか。

夫が勤め人の場合、妻は遺族年金をもらうことができます。正確には遺族厚生年金といい、夫の厚生年金額の4分の3です。

ここで注意。「4分の3」のもとになるのは夫の年金全額ではありません。夫の厚生年金額から基礎年金額を引き、残りの額の4分の3なのです。それプラス自分の基礎年金ですから、いちど計算してみてください。

ということは……。そうです、それまで夫婦二人で暮らしていたときより、年金額がかなり減ってしまうのです!

ところが介護保険料や健康保険料もかかります。電気料金や水道料金など、暮らしにかかる公共料金などは一人になってもそれほど減らないかもしれない。それまで通り自宅で暮らすとして、支出をスリムダウンしないとなかなかやっていけません。そこで食費を削り、交通費を削るため外出を減らし、どこもかしこもスリム化するしかない。高齢期の体のスリム化はうっかりすると栄養不足になることが多々ありますから要注意。

このように結婚していても夫に先立たれた場合、金銭的な余裕がなくなるケースがあることを覚えていてください。

54 貧乏ばあさん防止作戦（ＢＢＢ）

職場でがんばって働いてきた女性たちも、男性に比べて低賃金だったり、非正規雇用だったりで十分な収入がない、あるいは子育てや介護で就労年数が少ないなど、十分な年金を得られない人が多いのが現実です。

なぜなら働く女性には職場からすべり落ちる「3つのすべり台」があり、たとえ正規雇用で仕事をスタートさせたとしても、離職せざるをえないケースが多いからです。

第1のすべり台は、妊娠・出産。働いている女性のなかには、ここでやめてしまう人が少なくありません（現在は育児休業制度がありますから変わってくるでしょう。やめないでください）。

第2のすべり台は、夫の転勤・転職、離婚など。最近は夫のリストラで、夫のほうがすべり台から落ちてしまうケースもあります。

第3のすべり台は家族の介護。介護を理由に離職する人のうち圧倒的多数はいまも女性です（男性も増えていますが）。

このように、女性ならではのすべり台が生涯に少なくとも3回はあります。本来、このすべり台をすべり降りる前に、あるいは落ちてももとのコースに戻れるよう、政策でもって女性に笠をかぶせてあげる必要があります。名付けて「女性の三度笠」。

第1のすべり台に関しては、男性の育児休業、パパの産休などだいぶ制度化が進んできました。ですから、これから子どもを産み育てる世代は、政策と夫の双方から笠をかぶせてもらえるでしょう。第3のすべり台に関しても、まだ十分とは言えませんが、介護休業制度などが充実しつつあり、介護離職ゼロ作戦は政府の経済政策に含められました。

問題は、すでに高齢期もしくはこれから高齢期を迎える世代の女性たちです。いま、高齢期を迎える女性の多くは、自分自身の稼働能力を発揮できずに年を重ねていった方たちです。女性を「嫁」として家庭に縛りつけ、家事と舅姑の介護を担わせた結果、「BB《ビービー》」が大発生。ある程度の年齢の方なら、BBと聞くと女優のブリジット・バルドーのことだと思われるかもしれませんが、ここでいうBBとは「貧乏ばあさん」のこと。「貧乏」も「ばあさん」もちょっと乱暴な言葉ですが、現実を知っていただくために、あえてこの言葉を使っています。

生き残っている私の同年輩を見ると、いちばん経済的に安定しているのは、男女平等な職場で定年まで共働きした夫婦。年をとって配偶者に裏切られることはあっても、年金は裏切りません。ですが、私の世代の多くの女性は男性より年金の額が少ない。多少なりとも貯金があれば、足りない分は貯金を切り崩すという方法もあるでしょう。でもそうなると、今度は老後資金が心配です。

さぁ、大変！　このままではBBになってしまう可能性があります。ずっと働いてきてもBB。主婦として家族を支えてきてもBB。これでは、日本の女性は浮かばれません。なんとかニッポンからBBをなくせないものか。目下、私の一番のテーマは「貧乏ばあさん防止作戦（BBB）」です。

55
命は長し、働け女たち

遺族厚生年金の人は、世帯収入が減った分どうすればいいのか。あるいはずっと働いてきたのに安月給＝安年金で年金が少ない女性は、どうしたらBB（貧乏ばあさん）にならないですむか。

BBB（貧乏ばあさん防止作戦）への道を模索し、なんとか制度化できないものかと頭を悩ませていますが、制度の変化には国民的合意ができても時間がかかります。となれば、まずは一人ひとりができるBBBをいますぐ始めたほうがいいと思います。「貧乏ばあさん防止作戦」の第一歩は、働くばあさん（HB）になることです。家事が得意な人は、家事力を生かして、シルバー人材センターなどに登録し、個人宅の家事を行うことも可能でしょう。一念発起して介護ヘルパーの資格を取れば仕事も見つけやすい。最近は高齢者雇用に取り組む企業も増えてきているので、情報を集めてみましょう。

どんなささやかな仕事であっても、仕事をすることで3つのものが得られます。

1　人と接する機会が生まれる。
2　人の役に立つ。そのために能力向上できる。
3　現金収入が得られる。

それぞれ別々になら、得られる場はたくさんあります。でも3ついっぺんに得られるのは、仕事のみです。月にわずかでもいいから、働いて収入を得る方法を探しませんか？　最初は数時間のパートでもいいのです。そこからさまざまな出会いがあり、新たな道が開けるかもしれません。「犬も歩けば棒にあたる」ではないけれど、動かなかったら何にもあたりません。恐る恐るでもかまわないので、まずは行動を起こして、とにかく収入の道を開いてください。そうすればBBを脱却し、働くばあさん＝ハッピーなばあさん（HB）への道が開けるはず。

座して待っていては、仕事はやってきません。昔「命短し、恋せよ乙女」という歌がありましたが、いまや「命は長し、働けばあさん」です。

さぁ、女性たちよ。BBBの狼煙《のろし》をあげ、みんなで働くハッピーばあさんになろうではありませんか。

そしていま40代、50代の方にお願いです。もし子育てなどでいったん職を離れたとしても、どうか早いうちに仕事に戻ってください。人生100年時代、まだまだ人生は半分以上残っているのです。40代、50代といえば、いまの時代、十分若いです。人生50年時代に生まれた私から見たら、当時の20代、30代と比べても遜色ありません。ですから、いまならまだどんなことにもチャレンジできるはず。

人生、いつなにが起きるかわかりません。配偶者の仕事もどうなるかわからないし、老後の生活を子どもの経済力に頼ることも難しいでしょう。だから自分で自分自身の老後のために保険を掛けておくべきです。この際、88歳のばあさんから皆さんにハッパをかけたい。命は長し、働け女たち！

第5章

あなたも
私も
介護する人
される人

いままでさまざまな方のお悩みや相談に答えてきました。
なかでも多いのが、介護にまつわる相談です。
父母の介護を巡ってきょうだいが決裂したという方もあれば、
義父母の介護で心身ともに疲れ果てている方も。
老老介護のつらさを訴える方もいます。
悩みはそれぞれ、千差万別。
高齢者の介護は、するほうも、されるほうも
初めてのできごとが次々と起こります。
それだけに、不安も戸惑いも大きいし、思わぬ事態に陥ることも。
この章では「大介護時代」の現実を解説し、
乗りきるためのいくつかの提言をご紹介したいと思います。

56

私が介護保険制度を目指したきっかけ

私自身が母の介護に直面したのは、40代のときでした。父はすでに他界。二人のきょうだいはすでに亡くなっていたので、実質的に一人っ子。

しかも私は娘が4歳のときに最初の連れ合いを亡くしたので、シングルマザーでした。子どもを育てるためにも、私は仕事があって本当によかった。そしてシングルマザーの子育てを全面的に支えてくれたのが母の〝祖母力〟でした。私は『祖母力』という本も書きましたが、母への鎮魂曲のつもりです。

介護は待ったなし。なんとか仕事を続けるためには、母を安心して預けられる病院を探すより仕方がありませんでした。それしか方法がないのに「親を人手にまかせて」と悪口を言う人がいて胸がふさがりました。文筆業などの自由業は、目の前の仕事をこなさなかったら、飢える「自由」があるだけです。

当時はまだ公的な介護保険制度の気配もなく、親の介護は娘や嫁がするのが当然と思われていた時代です。渦中にいるときは正直、パニック状態でした。母にも不自由な思いをさせたかもしれません。母は苦情も言わず、私と娘の身を案じながら亡くなりました。そのときの経験が、その後の私のテーマとなったわけです。

私が介護を経験した1970～80年代当時、女性は介護離職をするのが当たり前でした。介護の担い手は「嫁」が最大多数。私のまわりにも、女性初の管理職に登用されたのに職場を辞めざるをえなかった人、子育て後、研究者の道に再挑戦したものの義母の介護のために留学先から呼び戻された人など、女性であるがために人生の夢を捨てなくてはいけない人がたくさんいました。

そのような社会を、なんとか変えたい。

男性も女性も等しく自分の人生を生き、なおかつ高齢者が安心して幸福に老いることができる社会にしたい。その強い思いが、私の活動の原点となったのです。

57

介護の「新語」から見えるもの

「大介護時代」の到来に伴い、「介護」がつく新語がどんどん登場。ここでちょっと、まとめてみたいと思います。

老老介護　高齢者が高齢者を介護すること。配偶者の場合もあるし、すでに高齢になった子どもがさらに高齢の親を介護する場合もあります。

認認《にんにん》介護　自身も認知症でありながら認知症の家族を介護する状態。

遠距離介護　遠くに住む家族のもとに通いながら介護をすること。

シングル介護　未婚の子どもなど、一人だけで介護を担っている状態。

男性介護　男性が介護を担うこと。
多重介護　一度に複数の高齢者を介護すること。
ダブル介護　同時に二人を介護（両親、親と配偶者、実の親と義理の親など）すること。多重介護と同義にも。
ダブルケア　子育てと親の介護が重なっている状態。最近の調査では推計25万人いるそうです。
介護うつ　介護の重圧やつらさ、孤立感が要因で起こる、抑うつ状態やうつ病。
孫介護　孫にあたる若い世代が介護を受け持つこと。
介護離職　介護のため、仕事をやめること。

これらの言葉はすべて、いまの日本の介護状況を表わしています。言葉がこんなにあるということは、それだけ介護の困難さが多種多様であることの象徴です。寿命が延びたために介護が10年以上に及ぶことも。大変な時代になったものです。

58

「同時多発介護」が起きる

昔の日本は、〝結婚〟が好きな国民でした。私は1930年代に生まれましたが、その頃は国民皆結婚といってもよい状況であるうえ、出生率が高く、夫婦の間に子どもは平均5人いました。それが戦後ベビーブームののち急転します。

1950年には出生率が3・65でしたが、1960年には2・00へ。思えばそこが日本の人口構造の分水嶺でした。子どもが2人ということは、親の人数と同じ。人口はこれ以上、増えません。

そこからあれよあれよという間に出生率が下がり、2019年には1・36に。新型コロナウイルスの影響で、21年、22年はさらに下がるでしょう。このところの日本の人口は1年に20万人ずつ減少しています。

いま、介護を担っている世代の50代、60代は、きょうだいがいてもせいぜい1人か多くて3人。さらに下の世代は、一人っ子も多くなります。

もし一人っ子同士が結婚したら、夫婦2人に対して親は合計4人。親たちが次々と要介護になり、同時多発介護が起きることは目に見えています。

たとえきょうだいがいても、それぞれ介護をしなければいけない義父母などもいるはず。また、親から遠く離れた場所で暮らしている子どももいるでしょう。このような時代に、どう考えても子どもやその配偶者だけで介護を担うのは不可能です。

さらに最近は結婚しない人も増えたので、子どもも孫もいないし、姪や甥もいない人が多い「ファミレス時代」（家族減少時代）に突入しています。

親族だけではなく、地域で助け合って介護を担う社会をつくらないと、日本はまさしく沈没してしまいます。

59
「団塊」→「男介《だんかい》」→「老塊《ろうかい》」

介護保険制度が施行されたのは、2000年。それまでは「嫁」や「娘」が介護を担う例が多かったのですが、家族の主たる介護者は、この二十余年の間にかなり状況が変わりました。人口構成の変化の結果、男性が介護にかかわらざるをえなくなったのです。

団塊の世代の男性たちが定年を迎える頃、「定年後の仕事は親の介護」という男性に出会うようになりました。団塊の世代から少子化が進み、長男長女が増えたこと。就業構造の変化から雇用者が増え核家族が増えたこと。妻は自身の実父や実母の介護をしなくてはいけないので、自分の親は自分が面倒をみるしかない、と。

団塊の世代が生まれた頃から少子化が始まり、きょうだいが少なくなったので、男性も介護に参加しないわけにはいかなくなりました。結果的に団塊の世代が、「男介の世代」に。老老介護も増えていくので、夫が妻の介護をするケースも増えています。男性介護者のネットワークも活発に活動、文献も増えています。

そして「男介」の先駆者となった方たちも、2025年には後期高齢者となります。前にも書きましたが、その頃にはなんと人口の5分の1が後期高齢者となるのです。「団塊」が「老塊」になるわけですね。

戦後の申し子として時代の先端を走っていた団塊の世代の方たちは、介護を担う立場においても、される立場においても、またもや時代の先端をまっしぐら。

さて、ここをどう乗りきるか。

日本国の存亡がかかっていると言っても過言ではありません。

60

国の存亡にかかわるからこそ「介護離職ゼロ作戦」

もしいま、介護離職しようかと迷っている方がいるとしたら、心から申し上げたいです。「早まるのはお待ちなさい！」と。

職を離れて介護〝ばっかり〟の人生は、正直しんどいものです。しかも介護をまっとうして看取ったあとにも、長い人生が待っています。

中年以降の再就職は決して簡単ではないし、職が見つかっても以前より給与が少なくなる、あるいは非正規雇用になる確率が高くなります。そうなれば「貧乏ばあさん」「貧乏じいさん」になる可能性大。人生の大きな損失です。

介護が長期間にわたると親子ともども経済的に逼迫し、介護保険利用の自己負担もままならず、高齢者が十分にサービスを受けられなくなるケースも少なくありません。そうなったら本末転倒です。

介護離職する人は、年間約10万人。厚生労働省の「令和元年度（２０１９年度）雇用均等基本調査」によると、介護離職者における男女比は、男性28・９％、女性71・１％。やはり女性が多く、男性も増加しています。

介護離職がもたらす損失や問題点をまとめると、次の４つ。

1　離職する本人はまず収入を失います。厚生年金などの社会保険から外れてしまうので、老後の生活設計や年金が大幅に失われます。その結果、将来「貧乏じいさん」「貧乏ばあさん」になる可能性が高くなります。

2　会社にとって働き盛りの人材が介護離職する例が増えています。日本の企業は社員に研修などの投資をしていますから、これは会社にとっては大きな損失です。

3　国全体のことを考えたとき、介護離職が増える年代は所得税や社会保険料を最も多く負担しているので、その人たちが辞めてしまうと税収や社会保障費が減ってしまいます。

4　中年以降の介護離職は、その下の世代にも影響を与えます。家計が困難になり、孫世代の進学が困難になるなど、進学や就職をあきらめざるをえない人たちが増えかねません。

このように介護離職は、個人の人生を苦しいものにしてしまうだけではなく、国としても損失を生むことになります。つまり、国の経済を左右する問題でもあるわけです。政府はようやく2015年、国の経済政策（「骨太の方針」）に介護離職ゼロ作戦を掲げました。しかし、国の財政難によって要介護1から3のサービスが縮小されてきていて、公的サービスが縮小されると介護離職が増える可能性があります。すると納税額や社会保障費まで減り、さらに財源が厳しくなります。この悪循環は、絶対に止めなくてはいけません。

介護離職をゼロにするための3本柱は、1に職場環境、2に地域介護サービスの充実、3に身内や近隣の助け合いです。

みんなが無理なく働けて、きちんと納税して社会保障費を払うことで市民としての役目を果たし、親も、将来的には自分も、地域でプロによる介護サービスを受けることができる。それ以外に、この超少子高齢社会を支えていく方法はありません。

働き盛りの人々が男女を問わず働き続けられないようでは、この国の未来は暗い！　繰り返し言います。

長い自分の老後人生のためにも社会のためにも、介護離職には絶対に反対します。

61

しんどいときは、我慢しないで

2019年11月、福井県で衝撃的な事件が起きました。71歳の女性が、93歳の舅と95歳の姑、脳梗塞の後遺症を抱えている70歳の夫を殺し、自分も自殺を図ったのです。その女性は、家業である建設会社を手伝いながら、家事を担い、3人を介護。多重介護の生活をずっと続けていました。近所では評判の「いい嫁」で通っており、愚痴ひとつこぼさなかったそうです。ところが事件を起こす少し前から介護うつに陥っていたようで、ご近所の方に「しんどい」と漏らすこともあったとか。

この事件について、私は新聞などで見る限りの情報しか持っていません。介護疲れによる殺人事件とも報道されていました。私に言える言葉は「ごめんなさい、ごめんなさい」。私は介護保険制度を創設しようとした仲間の一人です。当時「介護の社会化」とも言われました。家族だけでなく社会全体で支え合う制度のつもりでした。財政的にはたしかにそうです。でも日本の福祉サービスは申請主義と言って、申し出ないと動き出さないのです。「家」の慣習よりも「自分の命」を大切にしてと声をかけたかったと思います。

これまでの日本では、主に女性が介護の担い手になってきました。なかでもとくに同居が多い地方では「嫁」がその役を担わされるケースが多数派でした。

でも多くの人が長生きするようになった時代、誰かが単独で介護を担うのはどう考えても無理です。

悲劇を繰り返さないためにも、堂々と公的サービスや民間のサービス、いろいろな人の力を借りるようにしていただけたらと思います。

62

介護する側もされる側も「ヘルプ・ミー」を言おう

介護はいつまで続くかわかりません。長期戦になることのほうが多いのです。その間、介護者は孤独になりやすく、心身の疲れからうつうつとしがち。介護うつに陥る人もいます。

とにかく、一人で抱えこまないことです。一人でできることには限界があります。躊躇せず大声で「ヘルプ・ミー」を言いましょう。

すでに介護を経験している友人や知人に話すのも一つの方法です。「自分だけではない」と思うと少しは救われますし、有用な情報を得ることもできます。

ただしあまり頻繁だと相手の負担も大きくなります。そんなときは、地域で行われている介護者の交流会に行くのもいいかもしれません。お住まいの地域の地域包括支援センターに聞いてみてください。

介護保険のサービスだけでは、自宅介護の場合、介護者の負担は大きいのが現状。もし経済的に余裕があるなら、民間サービスも活用してみてはいかがでしょう。

いまは元気な高齢者ご自身も、自分の体調や日々の生活に不安を感じたら、子どもや周囲の人に話してみる。臆せず「ヘルプ・ミー」を言いましょう。子どもが離れて住んでいる場合でも同様です。不安や愚痴から始まるサポートの輪もあります。

買い物に行くのが大変。料理がしんどい。ゴミ出しを忘れることが多くなった。そんな日常の小さな「困った」はどんどん口にしたほうがいいのです。

子どもが離れて暮らしている場合など、親の変化に気づかないこともあります。子どもに心配や負担をかけまいと、「私は大丈夫だから」とおっしゃる心意気は尊敬します。でも少しでも不安があるなら、早めに自己申告したほうがお互いのためです。

63

介護支援ネットワークも利用して

「大介護時代」になり、男性が介護の当事者になるケースも増えています。ところが介護を担う世代の男性は、小さい頃から男女の役割分担がすり込まれているケースが少なくありません。90年代半ばまでは、男子は中学・高校で「家庭科」を学んでおらず、日常生活をマネージメントすることが苦手な人もいます。

しかも「男らしさ」の呪縛にとらわれ、弱音を吐けない人が多いのです。「ヘルプ・ミー」が言えないのですね。

女性は同じ悩みを抱える者どうしでちょっぴり愚痴をこぼしあって、気分転換したり、情報交換することが比較的得意ですが、男性介護者はとかく孤立しがちです。職場で「介護」を隠している「かくれ介護者」が多いからです。

男性介護成功のコツは、まずは日頃から「日常茶飯」を軽やかにこなせるようにしておくこと。こまごまと面倒をみてくれた妻や母がある日突然倒れて介護が必要になったとたん、いままでまったくやったことのない掃除・洗濯・料理などにすぐに対応するのは難しいでしょう。ですから若いうちから、生活マネージメント能力を磨いておくのが大事。自己防衛のために最低限、身につけておきたいスキルです。

そして、一人で抱え込まないことです。場合によっては、「男性介護者と支援者の全国ネットワーク」などを利用するといいかもしれません。介護に関する情報提供や、会員の交流会などもあります。

同じ経験をしている人たちと悩みを分かち合い、情報を得ることで、解決できる問題もあるはずです。

64

認知症の家族を支える仲間づくり

私が回答者の一人をつとめている読売新聞の「人生案内」で、あるとき妻が認知症になったという70代の男性からの相談をお受けしました。

奥様は入院されているようでしたが、夫や子どもの顔もわからなくなっている。「死にたい」という言葉も口にしているそうです。家での介護は無理だと担当医から言われ、お子さんと一緒に入居施設を探していると書かれていました。

定年後は妻と二人で悠々自適と思っていたのに、こんなことになるとは思いもしなかったという、悲痛なご相談でした。

私は、奥様が入居する施設はなるべく通いやすいところを選ぶことをおすすめし、頻繁に訪ねてあげてくださいとお答えしました。大変なときだと思いますが、できれば職員の方をはじめ、支え合えるお仲間を見つけられるとよいと思います。

認知症の方のなかには家族の顔がわからなくなったとしても、「親切な人」として覚えてくれる場合もあるようですから、みんなで笑顔で過ごす時間が増えるといいですね。

配偶者の介護をなさる方は、親の介護とはまた違う悲しみや寂しさがあると思います。また、現実的な問題に突き当たることもあるはず。そんなとき、同じ思いを共有できる家族の会などのグループに足を向けると、救われることも多いと思います。

一人で抱え込まず、仲間をつくることで、介護に潰されない人生を送ることができます。励まし合って生きる人が現にたくさんいるのです。

65

「ながら介護」と「ともに介護」

これまでの日本では、家族に何かあれば、主に女性に介護〝ばっかり〟の生活を強いてきました。でもこれまで見てきたように、いまやそれは成り立たない時代です。

専業主婦の方も狭い家でお年寄りと四六時中顔をつきあわせていたら、介護うつになりかねません。それを見ている孫の世代にも暗い思いが連鎖していくという例もあります。これでは、介護される側にとっても、幸せとは言えません。

とにかく「介護ばっかり」の生活は、避けるべきです。自分の生活を楽しみ〝ながら〟。仕事をしている人は仕事をし〝ながら〟、人々とつながり〝ながら〟介護をする。

そんな「ながら介護」をおすすめします。

そしてこれからは「ともに介護」の時代です。地域と〝ともに〟職場と〝ともに〟「ながら介護」をする。そんな社会が、ようやく少しずつですが幕を開けつつあります。厚生労働省では、職場での意識啓発のために、「仕事と介護を両立できる職場環境」の整備促進のためのシンボルマーク（愛称トモニン）の普及を図っています。

企業でも「ともに介護」に向けた制度を設けているところがあります。まだまだ大企業に限られているのが実情ではありますが。

地域でも、認知症カフェやコミュニティカフェなどで、高齢者を支えていく動きがあります。高齢者がいるご家庭では、そういった情報を手にいれることも、大事かもしれません。地域のネットワークなどを利用し、介護〝ばっかり〟になるのを避け、ぜひとも「ながら介護」「ともに介護」を目指してください。

66

介護は情報戦、まずは地域包括支援センターへ

介護に必要な力は、1に情報力、2に人と人とのネットワーク力、3がコミュニケーション力。この3つの力をつけたら、まずはなんとか乗りきれるでしょう。

まず、介護保険のサービスを十分利用できるよう情報を集めましょう。

親が高齢ともなれば、いつなんどき介護が必要になるかわかりません。それに親が老いれば、自分自身も老いるのは自明の理。ですからいざというときにあわてないためにも、事前に情報を得ておくことが大事です。

親がある程度の年齢になったら、地域包括支援センターに顔を出すことをおすすめします。さまざまな情報を得ることができますし、地域包括支援センターに状況を知

らせて〝顔を売っておく〟と、何かあったとき、物事が迅速に進みます。まさに「ころばぬ先の地域包括支援センター」です。

地域の主な福祉・医療機関の連絡先なども、できれば調べておきたいもの。かかりつけ医、かかりつけ薬局を決めるのも大事です。救急車を呼ぶ事態になったときにも、かかりつけ医がいるといないでは大違い。受け入れ先の病院が決まるまでの時間が短くなる場合が多いのです。

とにかく、地域のネットワークと情報はなによりも大事です。介護は情報戦と心得て。親と離れて住んでいる方は、親の住む地域と自分が住んでいる地域、両方の情報を集めておくと安心ですよ。

67 「ワーク・ライフ・ケア・バランス」の時代

「ワーク・ライフ・バランス」という言葉は、政府（厚生労働省）の政策に取り入れられ、2007年に「仕事と生活の調和（ワーク・ライフ・バランス）憲章」が決定されました。「仕事上の責任を果たす一方で、子育て、介護の時間や、家庭・地域、自己啓発等にかかわる個人の時間を持てる健康で豊かな生活」というのがワーク・ライフ・バランスです。その後、働き過ぎの傾向が強い日本の職場事情が再検討され、育児・介護改革が上積みされた「働き方改革」政策でもあるのです。

「ワーク・ライフ・バランス」はそれなりに結構なものなのですけれど、私は〝ライフ〟の中から、〝ケア＝子育て・介護・障がいを持つ人のサポート〟を別建てにして、

「ワーク・ライフ・ケア・バランス」という形で、「三位一体」の人間社会にしてほしいと思っています。

この三つはどれも重要ですが、その中で、人類の存続発展に不可欠なのは〝ケア〟ではないでしょうか。まず、なにより「子育てケア」です。次の世代が希望をもって生きられます。つぎに「介護ケア」です。介護する人、される人が双方とも大切にされる社会に――。年老いて自立できなくなった人々が適切な介護を受け、「生きてきてよかった」「皆さんありがとう」「やり残したことを受け継いでね」と言って世を去れるように。そして、さまざまな「障がいを持つ人のケア」。すべての命が大切にケアされてこの世の多様性が可視化される社会になるといいと思います。そう考えると近頃の男女ともどもの産休制度や育児サポート制度などは、社会の必然でしょう。

1999年の厚生労働省のポスターが記憶に残っています。我が子を抱いた男性タレントと「育児をしない男を、父とは呼ばない」のキャッチコピー。介護は、人間しかしない営みのようですから、私は「介護をしない男を、人間とは呼ばない」と言っています。

68

あなたも私も「介護され上手」になろう

ここからは、今後ケアされる立場になったときに覚えておくと役に立つ話です。

ケアする側もされる側も幸せになるには、介護を受ける当事者が「ケアされ上手」になるのが一つのポイント。そのための第一歩は、まず衰えてきた自分を認めて受け入れることです。そして、外部サービスをいやがらないこと。一人での入浴が難しくなったら入浴介助を利用するなど、躊躇せずにサービスを受けることも大事です。

プライドや体裁を気にし、人の世話になりたくない、他人には家に入ってほしくないという方もまだいるようです。でもこれが、一番やっかいです。

主婦としてがんばってこられた女性のなかには、台所は自分のテリトリーという感覚の方もいらっしゃるようです。でも「ヨタヘロ期」を快適かつ安全に過ごそうと思ったら、自分のプライバシーを開いていくしかありません。

他人に冷蔵庫を開けられてもムカッとしないで、「何かつくってちょうだい」と言えるかどうか。また、他人の家事のやり方が自分とは違っていたとしても、目をつぶる度量も必要です。もちろん注文したいことは、はっきり伝えたうえで。

体が不自由になったり認知症になったら、さらにさまざまなケアを受けざるをえません。そうなったとき、では私自身、はたしてケアされ上手になれるのでしょうか。偉そうなことを言いながら、私もそれほど自信があるわけではありません。

私が一時デイサービスを利用していたとき、理学療法士の方からこう聞かれました。「ヒグチさん、介護されるのはイヤですか？　私たちは誠心誠意、いい介護をしたいと思うのですが、介護されるのをいやがる方もいらっしゃるんです」

私はしばらく考えてから、ちょっと開き直って「イヤかもしれません。介護されるほうは、『なりたくて要介護になったんじゃない』と、いつも悲しい思いをしていると思いますから」と答えました。我ながら、可愛げのない回答です。

人は誰でも、自立したいという願いがあります。せめて食事や排泄の自立ぐらいは保ちたい。せめて「お手洗いにつれてってください」と頼みたい。それもできない情けなさ、申し訳なさ。

それを失うことの寂しさ、悔しさは、当事者にならないとなかなかわからないものです。そのうえで私も、ケアされ上手になるよう努力しなければ。

人生、最後まで修行ですなぁ。

いつか、私もその日を迎える覚悟をしています。もしボケていなかったら、ケアしてくださった人にしっかり「ありがとう、お世話をかけました」と言いたいと思います。

69
「子、姑」には卑屈にならず、感謝を惜しまず

どんなに強い人も、娘や息子、お嫁さんとの力関係が逆転する日が来ます。それを覚悟して、上手にものごとを頼めるかどうか。何かやってもらったら「ありがとう」と言えるかどうか――。

ヘルパーや訪問介護の職員には「ありがとう」と言えても、家族に対して「ありがとう」となかなか言えない人もいるかもしれません。あるいは心の中で感謝していても、言葉に出すのが苦手な人もいるでしょう。

でもやはりねぎらいの言葉は、口にしたほうがいいと思います。「ありがとう」のひとことで、ケアするほうも心が和みます。結果的に自分自身の居心地がよくなるの

ですから、多少演技ではあっても、言ったほうがお得です。

一方で親が衰えてくると、親に対してなにかと上から目線になる子どもやお嫁さんがいます。うちの娘など、まさに典型的なそのタイプ。「葉物野菜から食べなさいと言ってるのに、また炭水化物から食べた！」などと、いちいち言います。おっしゃることは正しいけれど、あまりにも高飛車に言うので、「ウルサーイ」とキレることもしばしばです。居間でテレビを観ていると、「こんな大きな音で聞かされたら、私の耳が悪くなる」。まさに小姑ならぬ「子姑」です。

まぁ、すぐカッカするという点では似た者親子なので、仕方ありません。口喧嘩をするのもボケ防止の刺激としていいんじゃないかと、都合よく受けとめています。

子姑に対しては卑屈にならず、感謝を惜しまず。それぞれのご家庭で、いい距離感と関係を探ってくださいね。

70

デイサービスが、ばあさまの地位を変える

介護保険サービスのなかで全国的に多くの方に喜ばれているのが、デイサービスの制度です。高齢者の心身の健康を守るうえで人とのコミュニケーションは欠かせません。デイサービスには「生きがい型」と「リハビリ型」がありますが、どちらもスタッフや来所している方などと接することができ、コミュニケーションの機会になっています。

そしてデイサービスのなによりの利点は、車での送り迎えがあること。最近、高齢者の運転に関しては、早々に免許を返納すべきだという議論が進んでいます。交通機関がそれなりに整っている都市部では、免許を返納してもそれほど生活に不便はない

かもしれません。でも地方では、車がないと身動きが取れません。老夫婦が元気で車が運転できるうちはいいのですが、免許を返納したり、運転できる連れ合いが亡くなったりすると、移動手段を失ってしまう。ですから移動は子やお嫁さんにお願いするより仕方なく、「悪いけど乗せていって」という言葉とともに家庭内でのおばあさんおじいさんの地位が低くなるばかり。

ところがデイサービスは、家の玄関まで迎えに来てくれるので、おばあさんはお嫁さんに頼らなくても外出できるようになりました。その日は何枚かあるブラウスのうち一番こざっぱりしたものを着て、「デイサービスに行ってくるよ」と、意気揚々と出かけていけるのです。お嫁さんも、その日はお姑さんの世話から一時解放されます。結果的にデイサービスは高齢者の地位をあげてくれたと、地方に行くとよく聞きます。コロナ禍でデイサービスに行けず、症状が悪化してしまうのは心配です。

高齢者にとってデイサービスは、人とコミュニケーションを取る大事な機会。ですからお子さんはぜひ、「お母さん、おしゃれして行ってね」と言ってあげてください。ときには「ヨソの年寄りに負けるな!」なんて、ハッパをかけて!

71 もしも認知症になったら

私は娘にこう言ってあります。

「私が認知症になったら、まわりに隠さないで、友人や隣近所に告げて、できるだけ公的支援を受けてほしい」と。認知症であることを公表し、適切な支援を求める人が増えれば増えるほど、その対策が進むと考えているからです。日本における認知症治療の第一人者で、自らの認知症を公表された長谷川和夫《はせがわかずお》医師はよいモデルです。

なかには、親が認知症になったことを隠したいご家族もいることでしょう。その気持ちもわかります。とくに親が社会的にある程度活躍した人であれば、「親の尊厳を守るため」と、まわりに知られないようにするケースも少なくないようです。

でも、家族が認知症を隠しての「かくれ介護」が増えると、世の中暗くなるばかりだと私は思います。私のように長いこと「老い」を語り、仕事にしてきた人間は認知症を含めて老いを公表する責任がある、と社会学者の上野千鶴子《うえのちづこ》さんから言われて納得しました。

団塊の世代がすべて75歳以上になる2025年には、認知症の人は700万人に達するだろうと言われています。しかも、何度も言いますが「ファミレス時代」が訪れているのです。認知症になってもまわりから気づかれず、思わぬ事故につながったり、支援が遅れるケースも出てくるでしょう。

ただし一方で病気は個人情報でありプライバシーです。親の姿を見せたくない、という気持ちもわかります。いずれにせよ、本人が自分の意思を前もって周囲に伝えておくことが重要だと思います。

72 シモの世話はロボット大賛成

体が不自由になると、排泄の介助が必要になる場合もあります。でもたぶん皆さん、できる限り自力で、と思っているはず。とくに女性は、その思いが強いと思います。私は大きな手術を二度していますが、どういうめぐりあわせか、大のほうの排泄の介助は受けていません。なぜかうまいこと、その時期をクリアできたのです。ですからいまのところ、「いざ」となったらどんな思いか、想像がつきません。

下の世話を人のお世話になるのは、やはり正直なところ抵抗があるのです。老いたとはいえ人間の尊厳にかかわるといいますか——。少なくともその期間をできるだけ短くしたいと願っています。

でも、ちょっと考えてほしいのです。排泄は人間の尊厳にかかわるなどと言いだしたら、身体的に重度の障がいがある方はどうなるのか。介助してもらうことに、抵抗はないのでしょうか。重度障がい者の堂々たる介護の受け方こそ人間の尊厳として学ぶべきだ、という考え方もあります。

あるシンポジウムで障がい者の方にうかがったところ、その方は「生まれたときからお任せしているので、ぜんぜん気にしていません。健康な方は、今頃になって悩むんですね」とおっしゃいました。

言われてみれば、その通り。ある程度健康でここまで来たからこそ、私も覚悟を練り直さなくてはいけません。高齢社会においては、障がい者から学ぶことがたくさんあると感じました。

最近は介助の現場に、少しずつロボットが導入されています。入浴介助も、ロボットの手助けを借りることで、介護現場従事者の負担を減らすことができます。たぶん排泄介助をしてくれるロボットも、そう遠くない将来にできると思います。

私自身は、ロボットに介助していただくのは大賛成です。

73 「おまかせDEATH《デス》（死）」で本当にいいの？

私はハンドバッグの中に、健康保険証やかかりつけの医者の診察券、家族の連絡先、つまり医療系のカードをまとめて入れています。一緒に私の名刺が1枚入っていて、そこにはこういうことが書いてあります。

「私が生命の危機に瀕《ひん》し、回復不可能で意思が確認できないときは、延命のみを目標とする医療は固くご辞退いたします」

そして年月日と署名と捺印。これからはハンコは不要かもしれませんが、出先で急に倒れたときを想定して、この名刺を常時、携帯するようにしています。

15年ほど前にこのカードを大学病院のお医者様に見せたところ、「ヒグチさん、せっかく用意したのになんですが、医療機関に運び込まれたら医療の世界のやり方に従わざるをえないと思いますよ」と言われました。本人の意思とは関係なく、延命治療が行われるだろう、というのです。

ところが5年くらい前に、国立がん研究センターのお医者様に「この名刺、効力ありますか?」とうかがったら、よく点検してくださって、「まずは完璧でしょう」と言っていただけました。10年ほどの間に、終末期の医療をどうするかについての考え方がかなり変わってきたわけです。

ある程度の年齢になったら、自分がどんな最期を迎えたいか、考えておいたほうがいいと思います。そしてもし延命治療を望まないのなら、私のようにバッグにその旨を書いたものを入れておくのも手です。そうしないと万が一のとき、望まない治療を施され、「おまかせDEATH《デス》(死)」になってしまう可能性がありますよ。

74 人生に「会議」は馴染まない

「ACP」という言葉をご存じですか？

ACPとは、アドバンス・ケア・プランニングの略。将来の医療やケアについて、患者さんを主体に、ご家族や近しい人、医療・ケアチームが話し合いを行い、患者さんの意思決定を支援するプロセスのことです。

前もって自分の最期を考えて、家族などに伝えるのは賛成です。日本には「日本尊厳死協会」のような歴史のある市民団体もあります。でもACPの日本の愛称として使われている「人生会議」という言葉は、私にはあまりしっくりきません。

「会議」となると、どうしても「会」というか「数」の圧力がありそうです。それでなくても日本人は、まわりの空気を読んで忖度《そんたく》しがち。主体であるはずの「私」は、つい気を遣ってしまい、数の圧力にのみ込まれてしまうのではないでしょうか。

私は一貫して延命のためだけの治療は受けたくないと思っています。だから「延命」について前もって意思表示しておくことには賛成です。日本では死の迎え方について語ることが少なすぎると思うので、家族に意思を伝えておくことは大切です。

その際、数の圧力を避け、本人の意思で変更できるようにしてほしい。延命治療を拒否したいと思っていても、もし長い間、病床についており、そう痛みもなくなんとなく生きている感じだとしたら、ひょっとしたら「明日も生きたいなぁ」と思うかもしれません。だから治療をどうするかについては、繰り返し聞いてほしいのです。それも、数の圧力がないところで、一対一で聞いてほしいと思います。

連れ合いが3年2ヵ月という長きにわたり、寝たきりになって闘病した経験を通して、私はそう思うようになりました。

75

延命治療するかしないかは、「命の主人公」に確認を

20年前に亡くなった私の連れ合いは、私などよりもっとハッキリとした延命治療反対論者でした。「僕は、自分自身がプロダクティブ（生産的）でなくなったら生きている意味がないと考えている」という言葉を、何度聞いたことか。仕事ができ、人様の役に立ててこそ自分が生きている意味がある。それができなくなったら命を終えたい。ことあるごとに私にそう言っていたのです。

連れ合いが倒れたのは65歳のとき。私が帰宅すると、コート姿のまま痛みに唸《うな》っていました。その翌週に手術する予定だったヘルニアが突然痛み出したのです。すぐに救急車を呼んで緊急入院。幸いヘルニアの手術はうまくいったものの、手術

を受けた日の夜中に脳梗塞を起こしてしまいました。その日から3年2ヵ月にわたって、完全に寝たきりの状態に。しかも気管切開したため、声も失ってしまいました。まばたきと右手の親指を立てることでわずかに意思表示ができました。ただし気管のチューブを消毒のため外す1分くらいの間のみ、無声音で話すことが可能でした。

私が病室でたまたまそういう状況に出くわすと、看護師さんが「奥様がお見えですよ。なんでもおっしゃりたいことをおっしゃって」とうながし、私も良妻ぶって「あなた、何かしてほしいことがあったらなんでも言ってね」

ところが彼は、「別に」「クルシイ」と言うばかり。早くチューブを入れてくれという意思表示をするのです。彼は明らかに私との会話を避けているようでした。

30年人生をともにし、会話も多い二人でしたから、彼の心情はおおよそ想像がつきます。「プロダクティブでなければ生きているのはイヤ」と私の耳にタコができるくらい言っていた人です。私から「ところであなた、いまどう思っているの?」などと聞き返されたくなかったのだと思います。それでいて、若くてきれいな看護師さんが夜勤のときは、チューブを外している間に「空の星を見ると寂しくて悲しくなる」などと気取ったことを言ったそうです。看護師さんが「ヒグチさんのどこが気に入って一緒になられたんですか？」と聞いたら、「価値観が同じところ」と答えたそうで、まあ、よろしいでしょう。

彼は大学教授をつとめており、学生たちから慕われていたので、毎日のように病室には元女子大生たちがお見舞いに来てくれ枕元がいつも賑《にぎ》やかでした。ある時期から、それが彼を支えていることに気づき、こちらからお願いすることも。皆さんがお見舞いにくださったＣＤプレーヤーでオペラなど好きな音楽をかけて、一緒に聴いてもらったりしました。

身体のどこかに耐えがたい痛みがあるわけでもないし、彼はその状況をそれなりに幸せな時間として受けとめていたのかもしれません。つまり、「この状態で生きていてもいい」「できればもうちょっと生きてみたい」という心境になった、ということです。

人の気持ちというのは、状況によって変わるものです。元気なときは「延命治療はしてほしくない」と思っていても、いざその状況になれば、違う感情が芽生えることだってあります。

繰り返し言いますが、「命の主人公」は本人です。だからこそ、「会議」なんかで決めず、意識がある限り、何度でも「そのときの気持ち」を確認してほしいのです。

76 おひとりさまの在宅死

女性学研究のパイオニアである上野千鶴子さんは、〝おひとりさまの老後〟について、さまざまな提言をしています。上野さんの本を読んで、おひとりさまへの不安がやわらいだ方も多いと思います。

そもそも超高齢社会・ファミレス時代では、どんな人も最後はおひとりさまになる可能性があるのです。ですから、一人で過ごす老後について、ある程度シミュレーションしておいたほうがいいと思います。

高齢で独居というと、なにかと問題になるのが「孤独死」。

ネガティブな言葉なので、自分もそうなったらどうしようと不安になる方も多いでしょう。でも上野さんは、一人暮らしの方が要介護認定を受けてさまざまなサービスを取り入れ、ある日、亡くなっていたとしても、それを「孤独死」とは呼ばれたくないと言っています。

また、介護保険制度20年の経験の蓄積から、いまでは家族がいなくても、独居の看取りは可能です。自宅で最期を迎えたいという願いがあるなら、叶えられるようになりつつあるのです。

私がなるほどと思った提言は、家族と離れて暮らしている場合は「死ぬ前に会いたくなったら連絡する。呼ばなければ立ち会う必要はない。おまえたちの人生をしっかり生きよ」と伝えておけば、遺族も腹がくくれる、というもの。

上野さんは私より16歳下なので、「樋口オネエサマ」と呼んでくださっていますが、ときには大激論になることも。でもこの言葉は、「さすが〝おひとりさま〟の在宅死についてもさまざまな角度から研究している上野さん!」と思った次第です。

第6章

力を合わせて「五つ星の高齢社会」を

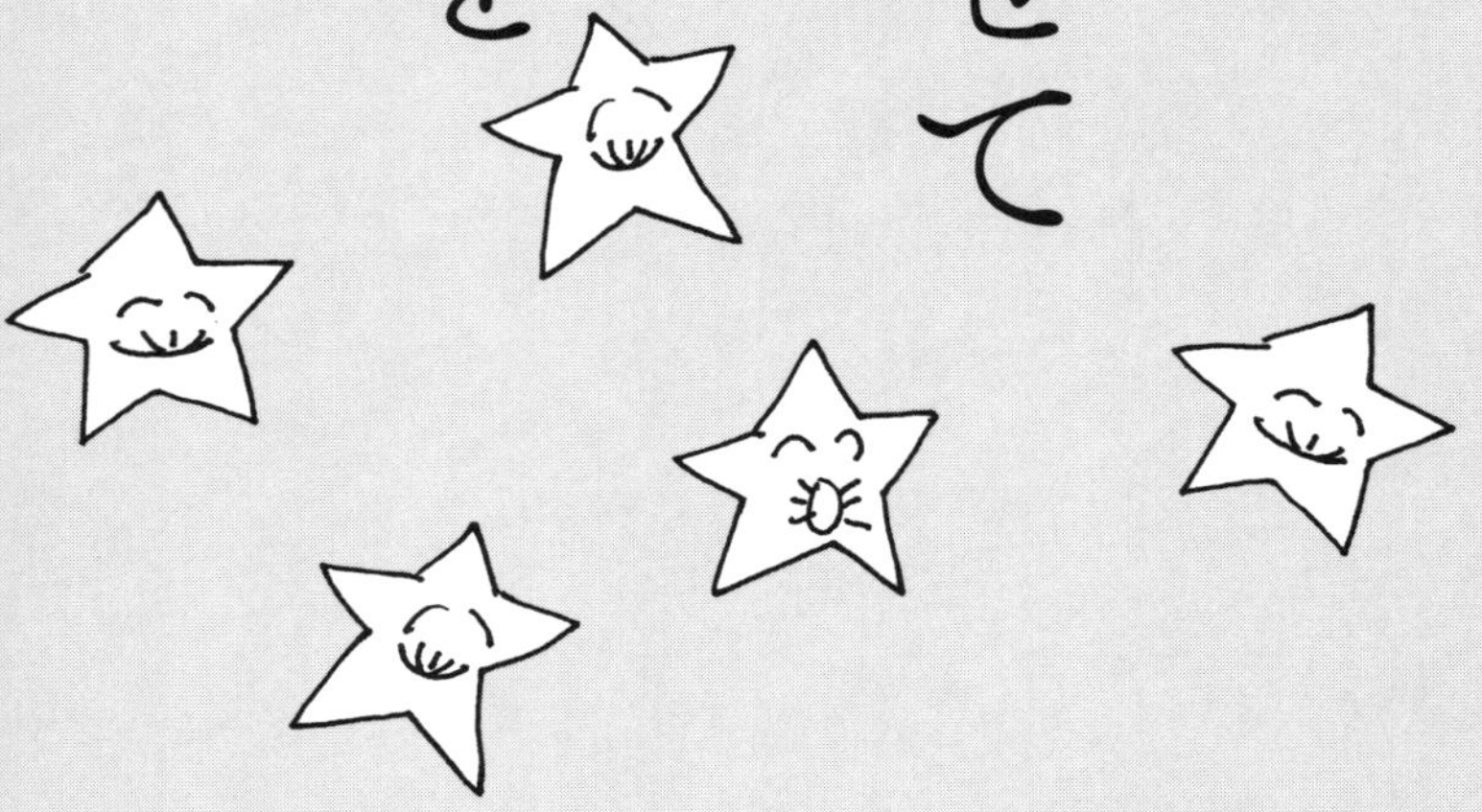

最後に、私が理想とする「五つ星の高齢社会」をご紹介しましょう。

一、平和と豊かさの所産であり、それを引き継いでいく社会。

二、家族減少時代になり、アカの他人と助け合うことが当たり前になった、助け合いの社会。

三、0歳の人と100歳の人が共存する時代にふさわしい、多様性と新しい文化が生まれる社会。

四、誰もが超高齢になり、障がいを持つ人と健常者と呼ばれる人との距離が縮まった思いやりのある社会（他者を排除するのではなく、違いを取り入れて、自らを成長させる寛容な社会）。

五、何歳になっても望めば学んだり、働いたり、何度でもスタートラインに立てる社会。

これからも皆さんと一緒に、「星の輝く社会」を築いていきたいと思っています。

77
ユーモアは老いの味方です

高齢になると、病気をしたり体が衰えたり、いやでもつらいことが増えていきます。だからこそ、ユーモア感覚が大事。いやなこと、つらい出来事もちょっと俯瞰《ふかん》して眺めて笑いに変えてしまうと、けっこう気分が変わるものです。

私の場合、子どもの頃に聞いていた落語がユーモアの原点かもしれません。考古学者の父が家で仕事をしているとき、ラジオで落語の時間が始まると、「おとうさま〜、落語ですよ〜」と呼びに行ったものです。

私もお相伴《しょうばん》ならぬお相聞。落語を聞き、言葉ってなんて面白いんだろうと思いました。そして子ども心に、つらいことがあっても笑いにしてしまえばいいんだと感じたのです。

子ども時代は体が弱く、腎臓を患ったり、結核で1年半も学校を休んで療養をするなど、さまざまな挫折がありました。大学では新聞部の女性初の編集長としてがんばってきたのに、女性だからという理由で就職もままならず、悔しいことの連続。最初の結婚では子どもが4歳のときに夫を亡くし、気分がふさがることばかりでした。

腹が立つこと、落ち込むことは山ほどありました。でも、いつも忙しかったから、しみじみ落ち込んでいられない。

そして気づきました。忙しさと笑いがあれば、たいていのことは乗り越えられる。だから怒っている暇があれば、一枚でも多く原稿を書こうと思ったし、悲しいことも落語のように笑い話にしよう、と。

気がつくと顔には笑いジワ。私は小さい頃から身内に「不器量だ」「鼻が低い」とからかわれてきましたが、88歳のいまの顔は、そう悪くないのではと思っています。

78

「濡れ落ち葉」でも燃え上がれ

定年退職した趣味のない夫が、妻が出かけようとすると「ワシも」とどこにでもついてこようとする様子を指して「濡れ落ち葉」。

この言葉をつくったのは、ひところ私だと伝えられました。正解は私の知る限り、湘南地方の主婦の方々です。講演先で私より少し年上の奥様方とおしゃべりしたときのこと。「主人が私のあとばかり追って」「宅配便が届くから家にいてねとお願いしても、なんやかんや言ってついてくる。払っても払ってもついてくるから、まるで濡れた落ち葉みたい」。

この形容に感服した私は、テレビやその後の講演会でよく話したのですっかりひろまり、1989年度の流行語大賞の一つに選ばれました。私の造語ではないから、と辞退したのですが、主催者側からは「よくわからない場合は、いかにも言いそうな人でいいのです!」。選考委員長の扇谷《おうぎや》正造《しょうぞう》先生が「イヤだな、イヤだな、こんなこと言われたくないな」と言いながら賞状をくださったのをよく覚えています。

調子に乗った私は、こんな一句を。「濡れ落ち葉　乾いて自力で燃え上がれ」

あれから30年ちょっと。男たちは本当に燃え上がりました! すごいです。

最近はボランティアや地域の助け合い活動に参加する男性が増えているし、中高年男性向けのサークルや料理教室なども盛んになりました。健康寿命と平均寿命の差が女性より短く、「健在」ぶりを示しています。食料を調達しにスーパーに行ったり、地域の集まりに顔を出しているうちに、いつの間にか仲間ができてくる。こうして定年後、第二の人生をスタートさせる男性が増えてきました。

集まって語らいあって、ぜひ建設的に生きていただきたい。できれば若い頃を思い出し、社会をよくするために奮闘してほしいものです。高齢期は第二の青春期です。落ち葉が燃えるときのエネルギーと明るさ、光を見せつけてやろうじゃありませんか。

\79/

「じじばば食堂」がほしい

――食・職・触の「3しょく」は元気の源

足腰が弱ったり経済的にもわざわざ遠出ができない高齢者は、自身が暮らす街や、自宅の近所で、官民問わず、快適なサービスを利用できるといいと思います。

高齢者に必要なのは、「3しょく」付きお値打ちコミュニティ。

「食」「職（仕事）」「触（コミュニケーション）」の「3しょく」が、地域社会で叶えられることが理想です。

まずは「食」について。高齢になってからの主な「食」の問題は、「買い物が大変」「調理がおっくう」「一人だと食事がいい加減になる」。

前述の通り、私の場合、料理が面倒になったため、栄養が偏ってしまいました。そこで週に1日は宅食を利用し、2日はシルバー人材センターの方に料理をつくってもらいます。買い物はネットスーパーや宅配サービスを利用する手もあります。私はシルバー人材センターの方にお願いするほか、娘に頼むこともあります。

できれば、高齢者が歩いていける近距離内に、「子ども食堂」だけではなく、「じじばば食堂」もできてほしいですね。それも、なるべくいろいろな人に開かれたカフェ、食堂。少子化で小学校の教室があまっているところも少なくないので、経費の面でも、そういうところを利用すればいいのではないでしょうか。みんなで食べると、「食」が「触」にもつながります。公民館、空き教室を利用して、高齢者中心の、誰にも開かれた「集いの館」がほしい。「すべての人に居場所と出番」です。ずっと同じ地域で暮らしてきた方なら、校舎は昔懐かしい場所かもしれません。自分の子どもが小学生だったとき、運動会や参観日に出かけていった思い出もあったりして。

また、たとえば「じじばば食堂」で、60代、70代の元気なシルバー世代が配膳などを行えば、「職」の場にもなります。そうなれば「食」「職」「触」のそろい踏み。早くそういった取り組みが現実化してくれるといいなと願っています。

80
人は何歳になっても変わることができる

いま私の人生を振り返ってみると、大きなターニングポイントがあります。これまでの章でお話しした通り、私は思いがけない成り行きで、70歳のときに東京都知事選挙に出馬することになりました。

「70にして立つ」です。悪く言えば「70にして血迷う」。

意見を異にしていた人も応援してくれましたし、本来、権力ににらまれたくないであろうタレントさんも応援演説にかけつけてくれました。雲の上の人だと思っていた三木《みき》元首相の妻である三木睦子《むつこ》夫人や、「議会政治の父」と言われた尾崎行雄《おざきゆきお》氏のお嬢さんである相馬雪香《そうまゆきか》さんなどの名流婦人も着物姿で選挙カーの前に立ってくださいました。そして、なけなしのお小遣いから寄付をしてくださる方も大勢いらっしゃった。

決して甘い楽しい思い出ではありません。ひじょうに苦い体験でした。

そうであったとしても、あの経験は無駄ではありませんでした。残りの人生、カッコよくは生きられないだろうけれど、いただいた善意を無駄にしない生き方をしようと思ったのです。女性の、高齢女性の、人間の尊厳をかけて立ち上がったつもりです。

あの頃は、男女共同参画社会基本法ができたものの一部の人たちからジェンダーという言葉さえ否定され、ジェンダーバッシングが全国にひろがった時期でした。

88歳の今日まで、ヨタヘロながら老骨に鞭打って社会活動を続けているのも、あのとき応援してくださった方に報いなければ、という思いがあるからです。逆にいうと人生の最大の危機ともいうべき経験が、いまの私を形づくっているのです。

つまり、人は何歳になっても変わりうるということを、身をもって証明できた気がします。

ちなみにいま助手をつとめてくれている女性の一人は、私のいとこの娘。結婚して子どもを二人産みましたが、持病がありました。彼女は私が選挙に出ると知ってびっくりしてかけつけてくれた。それをきっかけに仕事として私の秘書兼助手をするようになり、「60歳になって、生まれて初めて自分の名刺を持ちました」と言っていました。いまは仕事上で、私のお尻を叩いてくれています。

友達だって、いくつからでもできると思います。私自身、残り少ない人生とはいえ毎日が新しい挑戦です。

ですから多くの方に「何歳になっても、もう一度新しい人生を生き直す」くらいの気概をもって、充実した第二の人生を楽しんでほしいと願っています。

\81/

やる気があれば叶う

何歳になっても勇気をもって、人生を変える人がいます。日ごろ何気なくおつき合いしている「ごくフツーの人」の言葉からも学ぶことはたくさんあります。そういう方に出会うと偉いなアとあらためて思います。

たとえば私が70代に入ったときからお世話になった、シルバー人材センターの「シルバーさん」。奇しくも私と同い年の１９３２年生まれで、当時はちょうど70歳。初対面ではプライバシーをおかさない程度に一応の履歴をうかがいます。

上品な方とは思いましたが、夫君は大企業管理職の定年退職者で、持ち家。娘さんは急成長企業の経営者の妻、子どもさんとお孫さんは、幼稚園から有名私立のエスカレーター育ち。恵まれた境遇の方ですが「私は家事に自信があります。これだけ余暇ができたのですから特技を生かして働きたい」とおっしゃり、シルバー人材センターではリーダー格の方でした。

「ご家族の反対への対応は？」という私の質問に彼女は答えました。

「夫や家族の反対で働きに出られないとおっしゃる人もいますが、私は少し事実と違う場合もあると思います。働きに出ることに反対のご家族がいるとしても、いまどきの夫君に、縄で縛って外へ出さない男がいるはずはありません。いたらＤＶですよ。口の上での反対に屈してしまうのは、結局ご自身にそこまでのやる気がないのです」

なるほど、そのとおりです。10年間、彼女は「家事に自信のある主婦の働きっぷり」で私を感服させ、80代を迎えたのち引退しました。夫君を見送られ、秀才の孫自慢もイヤ味なく、清々しく老年後期をお過ごしです。

何かのとき、「反対されたからあきらめるというのは、ご自分のやる気がそこまでないからですよ」という潔い言葉を思い出します。

何歳からでも人は行動できるのです。

82
人の良いふり見て我がふり直せ

「人のふりみて我がふり直せ」という言葉があります。

小学生の頃、地元の目白で走り回って遊んだ学友たちは、お勉強ができるという意味だけではなく、算盤《そろばん》が得意だったりピアノが得意だったり、一人ひとりが才能豊かでまさに〝競争激甚社会〟だったので、スゴいなアと他人を尊敬することを学びました。

その頃のヒグチさんは、ちゃんとご挨拶のできるませた子でしたから、よく大人のそばにいてじいっと観察していました。学者の父親のもとに全国から訪ねてくる研究者のなかには女性もいて、和気藹々《あいあい》とこれからの日本について論じている姿を見ていました。また、社会人になって、ある半官半民の研究所に勤めたときは、おだやかに粘り強く、言うことは言って女性の地位向上のために尽力する女性の先輩や後輩の姿を見てきました。

　こうしたことから学んだのは、いかに「生きたロールモデル」に出会い、それを真似することが大事かということ。真似といっても、自分を卑下することではなく、違う才能を認めることから始まります。

「人のふり見て我がふり直せ」というのは、「悪いふりを直せ」というふうに大人は教えてくれましたが、私にとっては、「人の良《い》いふりを見て、それを自分に付け加えていこう」という意味になりました。

　いまの私も人の良いところにわりと敏感で、リスペクトします。お互いに長所を認めると、お互いに好意を持つことができるし、一石二鳥です。

　2021年2月、東京五輪の組織委員会会長（当時）の発言から女性蔑視問題が浮上し、それを批判する意味で「わきまえない女」という言葉が話題になりました。もし私が、「わきまえない女」かどうかと問われれば、自分は「わきまえつつ蛮勇をふるう女」と答えます。たくさんのロールモデルを見てきたことで、「わきまえ」と「蛮勇」が身についたのです。

40代の頃から多くの公的機関ともかかわってきました。介護保険制度の成立を求めて都や国とわたりあい、何度も粘り強く交渉する姿勢を、一方で「政府寄り」の人間と悪口を言われたこともあります。でもすべては「政策実現」のため、「女性」のためと思っての行動でした。

いまこの問題について相手がどこまで熟知しているか、聞いていて抵抗を感じないようどうすれば伝わるか、だいぶ研究しました。「これは素人考えですが」というのが「わきまえ」の枕詞。いつも頭をフル回転させ、常に礼儀正しく言う。きついこともにこやかに。まずは、次の会議に招《よ》ばれるようにしよう。何度も継続的に聞いてもらうために「わきまえ」ました。

さりとて、わきまえすぎて、「言わない」のはダメ。その「ひとこと」を言うから、何かが変わるのです。これが「蛮勇」の部分です。

かつて嫁や妻がするとみられていた介護について、社会が果たすべき責任や道徳の問題も、感情の話ではなく「勘定」の話に変えて伝えました。男性相手にはデータなど数勘定のほうが伝わりやすく、問題点をすぐ理解してくれる人も多いからです。また、「老老介護」をはじめ、ストンと入り覚えやすい新しい言葉やキャッチフレーズをいくつも用意しました。

やはり、誰かが「ものを言う」ことで、世の中を少しずつ変えてきたのです。その数が増えて、少しずつ制度も改善されてきました。世界的にも、1975年の国連の国際婦人年から現在のSDGsまで、「もの言う女性の力」が綿々と続いているのです。

83

情報力と行動力があなたを変える

――ころんでも立ち上がる復元力《レジリエンシィ》

先輩たちの人生と出会い、自分の人生のなかに取り入れる――あるいは座右の銘にする――モデルがあるということは幸せです。女性史の中から好きな人を取り出して生きるモデルにすることは、あとを生きる者の特権と言えるでしょう。

私の場合、その人の名は、正岡律《まさおかりつ》。日本の短歌・俳句の世界を改革した正岡子規《しき》の3歳年下の妹です。子規は若くして当時不治の病だった肺結核から脊椎《せきつい》カリエスに倒れ、7年の病床生活を経て、明治35年（1902年）に35歳で亡くなりました。その間、律は貧しい生活の中で、兄にはごちそうを揃え、自分は粗衣粗食。老母をも支えながら20代のほとんどを「献身」的（司馬遼太郎『ひとびとの跫音』）に兄の介護に捧げました。兄たる子規は、ときに妹に感謝と評価の言葉を残しているものの、随筆集『病牀六尺《びょうしょうろくしゃく》』『仰臥漫録《ぎょうがまんろく》』などでは悪口の言いたい放題。新聞の難しい漢字が読めないからと言って「律ハ無学ナリ」。当たり前でしょう。子規はあの時代に東大中退という学歴があるのに、妹は小学校4年まで。発足当時の義務教育は4年制だったのです。

その律は兄を見送ったとき32歳。そしてなんと、わずか半年余り後の翌年4月には共立女子職業学校に、いまでいう社会人入学をします。卒業後、同学校事務職員から教員に登用され、10年後には休職して京都の私塾に自費留学。20年以上の「女子大学教員」のキャリアウーマンの人生を拓きました。その間、「正岡家」の後継者（後嗣）も決めて、一族再興の役割も果たしているのです。

律が看病に明け暮れた明治30年代は、高等女学校令が施《し》かれ、女性に中等教育、専門教育の道が開かれた時期でした。「無学だ」と兄に叱られながら新聞を読み続けた律は、「介護のあと」の人生をあきらめることなく、個人の能力をいかんなく発揮しました。人生は平坦ではありませんが、ころんだらもう一度立ち上がればいいのだと、私は学びました。いつの世も生き方を変えるのは情報と行動力、そして復元力《レジリエンシィ》です。

84

人生100年に必要な「第二の義務教育期」

高齢期は、まだまだ体も元気であれば、新しい習い事にチャレンジして、新たな生きがいを見つけるのにうってつけの世代です。何か興味がある講座を見つけ、勉強するのもおすすめ。すでにスマホやネットなどデジタル機器を駆使している「テクノ・ローバ」もたくさんいらっしゃるようですね。私たちNPO法人「高齢社会をよくする女性の会」もついに情報通信技術（Information and Communication Technology）を使ったICT学習とその普及に踏み出すことになりました。高齢者に必要な情報も、自治体の窓口で収集するのはもちろん、自宅にいながらデジタルツールを使って情報を集めたり発信したりできる時代になりました。メールやスマートフォンなどを使った新手の詐欺には要注意ですが、情報や社会とつながっておくことは大切です。

いままで仕事で忙しくて地域社会とあまり縁がなかった方は、ボランティア活動や地域のサークルなどに参加することで地域社会に顔を出すことが大事です。中高年になると、介護する立場になったり、介護される立場になったり、人生で初めての経験も多々あると思います。悩みの相談なども、地域の方とのコミュニケーションで助けられることも多いと思います。

私は以前から、高齢社会には「第二の義務教育期」が必要と主張してきました。大人の学びは、あくまでも個人の自由です。しかし、人生100年時代に中高年の学習機会を提供していくのは国や自治体の「義務」ではないかと考えています。たいていの重要な法律は私たちが忙しい盛りにつくられ、介護保険制度にしても内容をよく知らない人が多い。これからは学ぶ機会を高齢者にも増やしてください。

ときには悩み、惑いながらも、ともに語り合い、助け合うという、人生100年時代の学びは大きいはず。まだまだ人間として成長すると思います。その経験を通して得たことをぜひ次の世代に伝え、社会に役立てましょう。いくつになっても挑戦です。

85

私たちの姿を堂々と見せましょう

30歳のとき、生まれて初めて海外に行き、驚いたことがあります。場所はアメリカのロサンゼルス。福祉にくわしい高校の先輩が住んでいらして、地域の老人施設に案内してくださいました。

日本で言えば、特別養護老人ホームみたいなところでしょうか。個室も多く、当時の日本の「老人ホーム」とは大違い。なによりびっくりしたのは、「ボランティアルーム」でした。

私はてっきり、高齢者をお世話するボランティアの方たちのための部屋かと思っていました。ところが広い部屋にいたのは入居者の方たち。ある人は車椅子、ある人は松葉杖を立てかけて、20〜30人で大きなテーブルを囲んでいます。なにをしているかというと、地域の各戸に配るレター——日本でいうと回覧板のようなもの——を封筒に入るサイズに折る作業をしている。きれいに折れる人もいれば、手が思うように動かず、折り目がゆがむ人もいます。折る人のほかに、封筒に入れる係の人もいます。

近所の住民は届いたレターを見るたびに、「あの施設の人が折ってくれたんだ」と気づきます。秋には施設でフェスティバルが開かれ、地域の人たちが日頃の感謝を込めて寄付をしにやって来るとか。高齢者や障がい者が地域社会の中で可視化され、その存在を示すような仕組みになっている。高齢者も障がい者も子どもも、この世をともに生きる人たちの姿がお互いに見えることが大切だと思います。

あれから約60年。日本はまだまだ立場の違う人たちの「見える化」が十分ではないと感じています。80代、90代の姿が社会の中で見えて、その人たちがどんな願いを持って生きているか。あるいは、どのような配慮が必要なのかがわかれば、人生100年時代がもっと楽しく明るいものになるはずです。「見える化」を工夫して、多様な人々の出会いの場を数多くつくってほしいと思います。

私は、血縁でなくてもアカの他人でも高齢者を支えられる「新しい伝統」をつくることが必要だと考えています。

これまでの項で話してきましたが、多世代が出会える場があり、疲れたら休めるベンチや場所がある。自分で料理をするのが困難な高齢者が経済的に大きな負担なく食事をできる場がある。気軽にあいさつし、おしゃべりを楽しむ。

そんな地域社会は、高齢者だけではなく、障がい者にとっても、子育て中の人たちにもやさしいはずです。そして、そうした地域で子どもが育っていくことが、新しい伝統になるのではないでしょうか。こうして社会が変わり、未来が変わります。ですから、ご同輩たちに申します、「高齢者よ、町へ出よう」と。

86

平和と豊かさに感謝あればこそ

——次世代の希望となるよう

日本が世界でトップクラスの長寿大国になれたのは、二つの大きな要因があったからです。それは「平和」と「豊かさ」。日本はこの76年間、戦争をしないできました。そして勤勉に働き、経済を発展させたのです。

その恩恵にあずかることができた最初の世代が、私たち高齢者です。なんとか戦争のなかを生き延び、焼け野原から高度経済成長を経て、ささやかな贅沢も経験しました。

ですからいままで日本人が経験したことのない長い命をいただけた幸せに感謝するとともに、私たち高齢者は、次世代のモデルになるような生き方をする責任があると思います。

社会の変化に適応するだけではなく、〝夢をもって幸せに生きる努力をする〟こと。その姿を見せることが、若者に希望を与えます。

年齢が高くなれば、身体的な衰えや認知症などによって、多少生活に制約が出るのはいたしかたありません。それでも無理はせず、ぼちぼちだけど、たゆまず歩み続けましょう。そうすれば、80代、90代でも、十分個人として人生を楽しみ、市民として社会に参加できます。

ヨタヘロしたって、どっこい市民。生涯納税者です。

ですから胸を張って堂々と、生きていこうではありませんか。

いま、先行きに不安を抱く若者、社会に希望が見いだせない若者が増えています。そういう若者に、「大丈夫、きっといまよりいい社会になるはず」と示すのが、我らご長寿世代の責務です。

87

老いてなお「アイ・ハブ・ア・ドリーム」

私にはまだまだ夢があります。

私の健康と「高齢社会をよくする女性の会」が継続する限り、「貧乏ばあさん防止作戦（BBB）」「中高年女性の就労達成」のために力を尽くしたいのです。女性の老後の貧困問題は、就労中の若い世代の女性の労働や賃金体系、年金制度に原因の根っこがあるので、それもなんとかしたいですね。

かつて私たちの会では、介護保険制度をつくることが一つの目標でした。でもそれは、あくまでスタートにすぎません。いまや私たちは、「ヨタヘロ期」を20〜30年過ごさなくてはいけない時代に生きているのです。すべての人に「就労」「最低限の住まい」「介護」が保障されないと、日本の福祉は総崩れです。

もう一つ、見果てぬ夢があります。東京大学に「家政学部」のような、個人、家庭、そして家族生活を包括する学部が確立されることです。かつて東京帝国大学は、いわば統治者を養成する最高学府でした。その後、戦後民主主義の時代になり何十年もたったのですから、人間の生活というものを基本に置いた学問体系が築かれてもいいのではないでしょうか。

家政学部という言い方がふさわしいかどうかはわかりませんが、人が生きていく以上不可欠な福祉や生活について、天下国家の見地から学問的に取り組んでほしい。東大では、社会福祉や社会保障の分野でずいぶん優秀な方が出ていますが、まだ主流と言えるかどうか。「国難」と言う人さえいる超高齢社会への対応など、東大や、我と思わん大学にはプロジェクトチームをつくり取り組んでいただきたいと願っています。

見果てぬ夢を見るのは、老人の特権です。未来を夢見て、夢を語れば、きっとその夢を継いでくれる人が現れます。自分たちの子や孫、そのまた子どもたちがより幸福に生きられるように。老人たちよ、おおいに夢を見ようではありませんか。

88

老年よ、大志を抱け！

これまで、88歳になった私の体験からくる思いをお話ししてきました。つくづく「老い」は待ってくれない、ということを痛切にこの身に感じる次第です。

5人に1人が75歳以上になる2025年まで、もうすぐ。65歳以上の年金・就労・経済的問題、とくに女性たちの老後の貧困の問題解決は国策として急務なのです。

未来を明るく照らすためにも、「老後」を「問題」という言葉ではなく、「当たり前のこと」として支え合う私たちでありたい。2015年の国連サミットで採択された「SDGs」がまさに高齢者問題にも当てはまります。誰一人置き去りにしない社会をあきらめたくないと思います。

最近はコロナの影響で、講演会などで全国を各地を回って直接人に会うことが難しくなりましたが、1月には内閣府主催の「高齢社会フォーラム in 東京」の分科会の一つをコーディネートしました（You Tubeのライブ配信でした）。インターネットを通してでも、人とコミュニケーションすることはとても大事だと痛感しています。

年齢や性別、専門分野にかかわらず、これからの日本社会をよくしたいと情報や知恵を出してくださる人がたくさんいらっしゃるので、いつも刺激を受け、日々発見があります。高齢社会問題は、皆さんが他人事《ひとごと》ではない「自分ごと」として向き合うことで、いい方向に進めばいいなと思います。

最後に声を大にして、改めてこう宣言したいと思います。長寿は平和ありてこそ。これが、世界に名だたる長寿国の初代としての心意気です。

人生はまだまだ続く。
虹色の高齢期を目指して、見果てぬ夢を見つつ。
老年よ、大志を抱け！

あとがきにかえて

人生100年時代の初代である同志の皆さま！

勝手に「同志」だなんてごめんなさい！　でも私は心から親愛の思いを持って、同時代を生き、さらに続く次の世代の女性、男性たちにお呼び掛けしたいと思います。

仮にも人生100年時代と言われる長寿社会は、平和が続かなければやってきませんでした。衣食住、公衆衛生、教育、社会保障など個人と社会の一定の豊かさがなければ実現はできなかった。私たちはその時代に生を受け、さまざまな壁はありながらも、一応、安全にものの言える社会に生きています。

なんという幸せなことでしょう。

この幸せを次の世代に引き継ぐ責任があると思います。私たちの親がよく言っていた「人生50年」が2倍になりました。長くなったぶんだけ、より良い人生、より良い社会を創造する責任があります。

言ってみれば、いまの私たちの生き方が問われています。人生１００年時代の宿題としての責任であり、好奇心です。時代のこの問いかけに、一人ひとり向き合い、知恵を寄せ合って答えようではありませんか。私たちは世界初の人生１００年時代の「探検隊」なのです！

私はライフワークとして、どうすれば高齢者が幸せに暮らせるかを模索し続けてきました。会社勤務や教鞭をとる立場と並行して、ＮＰＯ法人「高齢社会をよくする女性の会」の理事長を務め、仲間たちと知恵を出し合ったり、ときに声をあげて政府に要求したりもしてきました（そして２０００年4月、「介護の社会化」を旗じるしにした介護保険制度がスタート）。東奔西走しているうちに、気づくと88歳になっていました。

私の人生をふりかえると、ころんでばかりです。でも、なんとか立ち上がってきました。

そんな私が、いま皆さんに伝えたいことを88個、並べてみたのがこの本です。経験を寄せ合って「ころばぬ先の杖」となる知恵を集めました。「老いの中にも福はある」

「老いても福の住む」、そんな気持ちで生きていきましょう。

自分自身が老いることも、親が老いていくことも、すべてが「初体験」の連続で不安もあるでしょう。でも「何が起こるのか」を前もって知っていれば、心の準備もできるし、対策を考えることも可能になるはず。

これからも私は、高齢者はもちろん、社会を構成する一人ひとりが生き生きと自分らしく暮らせる仕組みや制度を拡充し、より柔軟性と多様性のある社会になるよう政府に提言を続けたいと思います。そしてそれが、若い世代や弱い立場の人にも幸せをもたらすような持続可能な社会につながると信じています。

この本の企画は、雑誌『婦人公論』編集長の三浦愛佳さんがきっかけを与えてくださいました。そして、まとめるにあたっては、中央公論新社の府川仁和さん、ライターの篠藤ゆりさんにお世話になりました。取材中はときどきうちの猫たちも興味津々といったふうに耳を傾けていました。

私の助手をつとめてくれている河野澄子さん、いつもありがとう。私との小マメな口喧嘩をいとわないやさしい娘にも日頃の謝意を伝えておきます。
最後にこの場をお借りして、この本を手にとっていただいた皆さまに心よりの感謝を申し上げます。

樋口恵子

2021年3月

本書は書き下ろしです

樋口恵子

1932年東京都生まれ。東京大学文学部卒業。時事通信社、学習研究社、キヤノン株式会社を経て、評論活動に入る。NPO法人「高齢社会をよくする女性の会」理事長。東京家政大学名誉教授。同大学女性未来研究所名誉所長。日本社会事業大学名誉博士。内閣府男女共同参画会議の「仕事と子育ての両立支援策に関する専門調査会」会長、厚生労働省社会保障審議会委員、地方分権推進委員会委員、消費者庁参与などを歴任。著書に『前向き長持ち　人間関係の知恵――樋口恵子の人生案内』『人生100年時代の船出』『その介護離職、おまちなさい』『老～い、どん！　あなたにも「ヨタヘロ期」がやってくる』などがある。

老《お》いの福袋《ふくぶくろ》

――あっぱれ！　ころばぬ先《さき》の知恵《ちえ》88

2021年4月25日　初版発行
2021年6月5日　3版発行

著　者　樋《ひ》口《ぐち》恵《けい》子《こ》

発行者　松田陽三

発行所　中央公論新社

〒100-8152　東京都千代田区大手町1-7-1
電話　販売 03-5299-1730　編集 03-5299-1740
URL http://www.chuko.co.jp/

ＤＴＰ　平面惑星
印　刷　大日本印刷
製　本　小泉製本

Published by CHUOKORON-SHINSHA, INC.
Printed in Japan　ISBN978-4-12-005428-0 C0095